Sylviane Dechezleprêtre-Wimmer
Sylvie Speck

Üben fürs Abi –
Landeskunde Frankreich

MANZ VERLAG

3. Auflage 2000
Manz Verlag
© Ernst Klett Verlag GmbH, Stuttgart 1996
Alle Rechte vorbehalten
Lektorat: Harald Kotlarz, Ammerbuch
Umschlaggestaltung: Zembsch' Werkstatt, München
Titelbild: Lionel Isy-Schwart, Arc de Triomphe & Champs Elysees/Night
        © Image Bank Bildagentur GmbH, München
Illustration: Hans Limo Lechner, Pastetten
Layout: Hans Limo Lechner, Pastetten
Satz: DPS Ges. für Publikations-Service mbH, Erding
Druck: Manz Druck GmbH, München
Printed in Germany

ISBN 3-7863-0728-8

Inhaltsverzeichnis

Vorwort   6

1 Les cultures jeunes

A		Loisirs et Musique	10
	Texte 1	Les patineurs de Paris	11
	Texte 2	Raves, les soirées dansantes de la génération techno*	14
B		Le franglais	18
	Texte 3	Basket de rue	19

2 Culture

A		La chanson française depuis 1945	22
	Texte 4	Né en 17 à Leidenstadt	23
B		La bande dessinée	27
	Texte 5	Interview d'un auteur de B.D.*	28

3 L'école et après?

A		Le système scolaire	31
	Texte 6	Préparer l'école de demain *	34
B		La laïcité	37
	Texte 7	Le foulard interdit d'école	37
C		Vie professionnelle et chômage	41
	Texte 8	Jeunesse en Révolte	44
	Texte 9	Travailler pour vivre	47

4 Les Français et la religion

A	Texte 10	Les croyances des Français *	49

INHALT

5 Politique

A	Les partis politiques	53
	Les institutions politiques	53
	Décentralisation et Régionalisation	55
Texte 11	Au premier plan de l'actualité politique: trois questions importantes*	56

6 Médias

A	La Radio	60
Texte 12	Radio, partir des informations	62
B	La Télévision	60
Texte 13	Arte, une chaîne bilingue	65
	Arte et le biculturalisme *	65
C	La Presse	60

7 La France et le monde

A	L'immigration	69
Texte 14	La France, l'éldorado de l'Afrique noire *	71
B	La francophonie	74

8 Paris

Texte 15	Belleville. Portrait d'un «village» parisien *	80
Texte 16	Paris, je t'aime mais …	82

9 Environnement – Tourisme – France Profonde

A	Environnement	85
Texte 17	Les centrales nucléaires à la casse	88
Texte 18	L'emballage plastique devient chic	90

B		Tourisme	94
	Texte 19	Le littoral dénaturé	96
C		France profonde (rurale)	99
	Texte 20	Ces fermes qui vous hébergent	100

10 Société

A		La femme entre famille et profession	103
	Texte 21	Ces mères qui travaillent	106
	Texte 22	BD: Un couple	110
	Texte 23	Mais comment font-elles? *	111
B		Les nouveaux pauvres ou le quart monde en France	114
	Texte 24	Toujours plus de restos du cœur	116

Histoire de France depuis 1789	119

Lösungsteil   120

*Abiturvorbereitungstexte

VORWORT

Was bietet das Buch?

Die *Landeskunde Frankreich* verfolgt zwei Ziele:

1. Vermittlung von Kenntnissen, die für ein Verständnis Frankreichs, insbesondere der gegenwärtigen Situation, hilfreich sind.

2. Die Einübung von Redemitteln und die Versprachlichung von Textanalysen, die für einen adäquaten Umgang mit landeskundlichen Themen in der Fremdsprache wichtig sind.

Es geht also nicht nur um Informationen, sondern auch um das Einüben von Vokabeln und Strukturen, die notwendig sind, wenn in Klausuren und der Abiturprüfung zu landeskundlichen Fragen Stellung bezogen werden muss. Das Buch ist also in erster Linie ein *Übungsbuch*, das auf Klausuren und die schriftliche und mündliche Abiturprüfung vorbereitet.

Die *Themen* richten sich nach dem, was in den meisten Lehrplänen an landeskundlichen Kenntnissen im Abitur vorausgesetzt wird. Da ein Land nicht in einem einzigen Buch dargestellt werden kann, liegt ein Schwerpunkt der Auswahl auf solchen Themen, die der Lebenswelt von Schülerinnen und Schülern der Oberstufe näher stehen. Darum ist auch der Jugendkultur und dem Bildungssystem ein größerer Raum eingeräumt worden als dem politischen System zum Beispiel. Gleichwohl ist darauf geachtet worden, dass die verschiedenen Aspekte der französischen Gesellschaft angemessen berücksichtigt werden.

Die *Auswahl der Texte* richtete sich nach der Relevanz für das Thema. Es ist Wert darauf gelegt worden, dass sie nicht nur eine kurzfristige Erscheinung behandeln, sondern eine umfassende und länger gültige Darstellung sozialer, politischer und kultureller Verhältnisse bieten. Die Motivation der Adressaten bildete ein weiteres zentrales Kriterium für die Auswahl. In erster Linie sind neuere Texte gewählt worden. Von der Sprache her sind sie leicht zu verstehen. Von den Inhalten her ist stets der Bezug zur Lebenswelt Jugendlicher gesucht worden. Damit hoffen wir, die mühsame Vorbereitung auf das Abitur und auf Klausuren durch interessante Themen und neue Texte ein wenig zu erleichtern.

Alle hier behandelten Texte sind mit Schülerinnen und Schülern, die sich auf das Abitur und auf Klausuren vorbereiteten, erprobt worden.

Ein wichtiger Aspekt bei der Behandlung der Themen war auch der Vergleich zwischen Frankreich und dem Nachbarn Deutschland. Die Autorinnen sind beide Französinnen, leben und unterrichten aber seit vielen Jahren in Deutschland. Von daher sind sie mit beiden Ländern gut vertraut und haben Parallelen und Unterschiede mit Blick auf deutsche Schülerinnen und Schüler herausgearbeitet.

● VORWORT

Zum Aufbau des Buches

Jedes Kapitel beginnt mit einem *EN BREF*. Darin werden die wichtigsten Informationen zu dem Thema geboten. Als Hintergrundwissen ist dieser Teil für das Verständnis der nachfolgenden Texte wichtig und sollte in jedem Fall vorab gelesen werden. Er ist in einem leicht verständlichen Französisch gehalten, das wichtige Vokabeln und Redewendungen einführt, aber auch für schwächere Schüler kein Hindernis darstellt.

Im Anschluss daran wird der für das Thema relevante *Wortschatz (vocabulaire de base)* zusammengestellt. Er taucht in den Texten und im *EN BREF* auf, ist also keine losgelöste Vokabelansammlung, sondern wird sofort im Kontext eingesetzt. Neben der französischen Erklärung werden die deutschen Entsprechungen immer dann geboten, wenn sie nicht unmittelbar dem Wort zu entnehmen sind. Damit kann bei der Bearbeitung des Buches weitgehend auf ein Wörterbuch verzichtet werden.

Die Texte sind französischen Veröffentlichungen entnommen und wurden zum Teil gekürzt oder geringfügig vereinfacht. In jedem Kapitel ist ein Text gekennzeichnet, der vom Schwierigkeitsgrad her einem Abiturtext entspricht und damit die direkte Vorbereitung auf den „Ernstfall" erlaubt. Jeder Text ist mit Vokabelerklärungen versehen, sodass die sprachliche und inhaltliche Beschäftigung weitgehend vorentlastet ist.

Im Übungsteil werden dreierlei Fertigkeiten geübt:

1. Im *Commentaire Lexical et Grammatical* geht es um die Wiederholung von Grammatik und die Bewusstmachung sprachlicher Besonderheiten.
2. Im *Commentaire de Texte* wird das Textverständnis geübt und die Stellungnahme zu Fragen, die im Text behandelt werden.
3. Im abschließenden Teil *(Question de Réflexion)* bietet sich die Möglichkeit zur freien Stellungnahme zu einem wichtigen Aspekt des Textes.

Allem voran geht die *Question Générale*, mit deren Hilfe das Textverständnis überprüft werden kann.

Der *Lösungsteil* ermöglicht die Überprüfung der eigenen Ergebnisse. Bei offenen Fragen kann das Ergebnis natürlich nur beschrieben werden. In diesem Fall finden sich Stichwörter oder Redewendungen, die für die Ausarbeitung der Antwort hilfreich sind.

Karten, statistisches Material und eine tabellarische Kurzübersicht über die Geschichte Frankreichs seit der Französischen Revolution runden die „Tour de France" ab.

VORWORT

Zur Arbeit mit diesem Buch

Das Buch kann zur Lektüre eingesetzt werden, wenn die knappen Informationen zu zentralen Fragen der französischen Landeskunde im Vordergrund stehen sollen. Dafür eignen sich die Informationsteile, aber natürlich auch die Texte selbst.

Das Buch kann aber auch verwendet werden, um den Wortschatz zur Landeskunde aufzufrischen und zu erweitern. Die Wortfelder und die Texte bieten dafür reichliche Gelegenheit.

Schließlich kann das Buch auch zur Vertiefung der Grammatik und zur Einübung des Umgangs mit landeskundlichen Texten eingesetzt werden. Es kann sowohl im Selbststudium bearbeitet werden als auch in Arbeitsgruppen.

Autorinnen und Verlag wünschen Ihnen eine gute Französischnote!

● Les régions de France

LES CULTURES JEUNES

A ▶ Loisirs et Musique

Le concept de culture jeune né en France dans les années 60 et bien établi, a fait place au concept de *cultures jeunes* dans les années 80. Car les jeunes ne constituent pas un groupe homogène mais une multitude de *micro-groupes* réunis autour d'une mode (Levis, Nike …) autour d'une musique (techno, rap …) autour d'un sport (basket, skate …)

La culture jeune comme la société française moderne est *atomisée*, elle est *plurielle*.

Le point commun à toutes ces cultures est d'être essentiellement *médiatique* et *audiovisuelle*.

Le journal Le Monde parle de la génération «*rap-zap-vidéo*»; à côté du cinéma où un spectateur sur deux a moins de 25 ans, à côté des soirées vidéo entre copains, la musique joue un rôle principal.

À chaque type de musique correspond une mode vestimentaire, un langage propre, une idéologie, définissant une *appartenance à un groupe*.

Une autre caractéristique commune réside dans la grande influence de la *culture anglo-saxonne*, et à travers elle des racines *africaines* (le blues des années 60, le rock des années 70, le rap et le hip-hop des années 80 …).

On assiste au développement d'une *culture de banlieue*, c'est une culture spécifique importée des ghettos des États-Unis, reprise par les jeunes des banlieues des grandes villes françaises. Ces jeunes, en grande partie enfants d'immigrés de la deuxième génération, ont perdu leurs racines culturelles et ne possèdent pas encore la culture française. Leurs chansons parlent de leurs problèmes d'identité et d'intégration. Les *bbb boys* = les blancs, les blacks, les beurs, ont en commun le désir de s'intégrer à la société, d'y trouver leur place et de s'y exprimer librement.

A

● Loisirs et Musique

Vocabulaire de base

Les cultures jeunes

s´éclater:	s´ amuser comme des fous (sich grenzenlos vergnügen)
la boîte:	la discothèque
sortir en boîte:	aller danser
être branché:	être «in»
le rap, le rapeur, raper	
les fringues (f):	les habits (Klamotten)
la casquette du rapeur,	
le bonnet techno	
la musique	
un auteur compositeur:	Liedermacher
un groupe, les musiciens et les chanteurs	
la sono:	Beschallung
mettre la sono à fond:	voll aufdrehen
une soirée techno:	une rave
zaper:	passer d´une chaîne sur l´autre à la télé
la génération	
zap-rap-vidéo:	les jeunes branchés
les BBB boys:	Blancs Blacks Beurs
beurs:	personnes originaires d´Afrique du nord
la banlieue:	les environs d´une ville (Vorstadt)

Les patineurs de Paris   T e x t e 1

Le patin à roulettes, ce jeu d'enfants, est devenu un véritable sport pratiqué par les catégories socio-culturelles les plus diverses.

Les guides touristiques sur Paris en parlent déjà. Allez un jour du côté du Trocadéro et ils sont là: *les patineurs, les adeptes* des «rollers» qui ont fait de ce jeu pour enfants un véritable sport. Toute l'année, quand il fait sec, on les voit tourner, sauter, faire des pirouettes devant les touristes souriants. Les patins à roulettes sont à la mode à Paris. En été, ils *semblent* même
5   devenir les maîtres de la ville. Dans toutes les rues, on les voit *glisser* sur *le bitume* entre les voitures et les piétons. Ils ont tous les âges: lycéens, étudiants, parents, cadres et ouvriers. Leurs deux grands lieux magiques? Le Trocadéro mais aussi Montparnasse.

Au «Troca», c'est là que tout a commencé. Avec *la bonne vieille* tour Eiffel au fond, des dizaines de patineurs sont là tous les jours. Entre le Théâtre National Populaire et le musée

1 — LES CULTURES JEUNES

10 de l'Homme se trouve l'un des paradis pour patineurs. L'endroit est plein de *recoins*, d'escaliers, de pentes et de descentes ... Ils adorent mettre de *la lessive* dans le bassin du Palais de Chaillot, «c'est *rigolo,* ça fait des *bulles,* les touristes s'amusent».

(*Écoute n° 10, 1992*)

VOCABULAIRE

le/la patineur/ euse: personne qui se déplace en patins à roulettes (Rollschuhfahrer) – *un adepte:* un amateur, un fan (Anhänger) – *le bitume:* l'asphalte (Teerbelag) – *sembler:* scheinen als ob – *la bonne vieille + substantif, le bon vieux + substantif:* terme familier qui exprime la tendresse, ex: ce bon vieux Michel! – *le recoin:* un endroit caché, d'accès difficile (verborgener Winkel) – *la lessive:* savon liquide pour laver le linge (Waschpulver) – *rigolo (familier):* amusant (lustig) – *la bulle:* le savon mélangé à l'eau fait des bulles (Seifenblase)

Question Générale

Quel est le thème développé dans ce texte?

A : L'envahissement de Paris par les patineurs?

B : Les attractions touristiques de Paris, entre autre les patineurs?

C : Les patins en tant que moyen de locomotion?

Commentaire Lexical et Grammatical

1 *Donnez un substantif avec son article défini pour chacun des adjectifs suivants:*
véritable, sec, grand, magique, bonne, vieille, rigolo.

2 La *vieille* tour Eiffel
   a) Le ... Arc de triomphe
   b) Les ... journaux
   c) Les ... chaussures
   d) Le ... homme
   e) Les ... hommes
   f) Un homme ... .

3 L. 6: Ils ont *tous* les âges
   a) Elle a ... sa raison.
   b) Il mange ... le temps.
   c) Il lit ... .
   d) Avez-vous vu ... les films de Godard?

Loisirs et Musique

   e) Il prend ... la place.
   f) Peu importe, ... lui est égal!
   g) ... ces fleurs sont belles.

4   L. 3: *On les voit tourner ... Mettez cette phrase à l'imparfait, au passé composé, au plus -que-parfait, au futur, au futur antérieur.*

5   L. 12: *Les touristes s'amusent*
   1) *oui, ils se sont amusés*
   2) *non, ils ne se sont pas amusés.*

   Continuez sur le même modèle:
   a) Elle se lave à l'eau froide.
   b) Il se lave à l'eau chaude.
   c) Nous nous promenons dans le jardin des Tuileries.
   d) Vous vous levez tôt le lundi.
   e) Tu te couches tard le samedi (Jean).
   f) Je m'assieds dans ce fauteuil (Marie).
   g) Ils se disputent souvent.
   h) Elles s'habillent bien.

6   *Remplacez ces mots par un pronom.*
   L. 1: Allez du côté du Trocadéro.
   L. 2: Ils ont fait de ce jeu un véritable sport.
   L. 5: En été ils semblent devenir les maîtres de la ville.
   L. 5: Dans toutes les rues on les voit glisser.
   L. 11: Ils adorent mettre de la lessive dans le bassin.

Commentaire de Texte

1   L. 4: «En été ils semblent même devenir les maîtres de la ville». *Expliquez le sens de cette phrase.*

2   L. 5-7: *Qui sont les adeptes du patin?*

3   L. 8-12: *Pourquoi le Trocadéro est-il un lieu privilégié pour les patineurs?*

1 — LES CULTURES JEUNES

Questions de Réflexion

1. *Que pensez-vous des patins comme moyen de locomotion? Décrivez-en les avantages et les inconvénients, puis donnez votre avis personnel.*

2. *Décrivez la journée d'un patineur, ses joies, ses angoisses dans la circulation, ses disputes avec les piétons, les automobilistes …*

Texte 2 — Raves, les soirées dansantes de la génération techno

Apparues en Angleterre à la fin des années 80, les «raves» font vibrer la jeunesse française à Paris comme en province, des milliers de jeunes entre 18 et 35 ans se réunissent tous les week-ends dans des localités parfois *insolites* pour organiser des *surprise-parties* géantes. Le but: *s'éclater* dans un décor synthétique et hallucinant, danser jusqu'à *l'épuisement* total sur des rythmes de musique «techno». Ces soirées dansantes qui commencent vers minuit et ne s'arrêtent pas avant huit heures du matin sont en principe *inoffensives*. Mais si la drogue s'y mêle, l'extase peut tourner au délire et le rêve au *cauchemar* …Paulo, un jeune *branché* de la culture techno, nous explique tout ce qu'il faut savoir sur les raves.

En 1991 les raves *débarquent.*
En anglais, rave veut dire délirer, *divaguer*. […]
«Au départ, ces fêtes à base de musique techno sont apparues en Angleterre à la fin des années 80, explique Paulo. C'était un moyen de poursuivre la fête après la fermeture des discothèques, à 3 heures du matin. On se retrouvait dans un *entrepôt*, un hangar *désaffecté* de la banlieue, on s'arrangeait pour *piquer du courant* et *brancher la sono*. Ces fêtes étaient *clandestines*. En France, les premières raves sont apparues à la fin de 1991. Depuis, les choses ont évolué. Elles se font de plus en plus dans les règles.»

But: s'éclater jusqu'à la transe.
L'idée d'une rave est de permettre aux gens de se retrouver, de *se déconnecter* de tout, d'entrer dans un autre univers, une autre dimension, précise Paulo. La rave, c'est *une terre d'accueil* où tout le monde est admis et peut s'exprimer librement sans avoir peur du regard des autres.» Et là, on communique par la danse, la musique, dans un «état presque hypnotique, de semi-transe». La techno est la base de tout. «C'est une musique associée au corps en tant qu'élément vital. C'est du brut, de l'extrême.» […]

Où? Entrepôt, château, forêt, *péniche.*
En général, les raves ont lieu le week-end (le vendredi et le samedi soir). En Île-de-France,

● Loisirs et Musique

elles peuvent être organisées dans des grandes salles, comme le parc des expositions du Bourget. Il y en a même eu une à la Grande Arche de la Défense. Mais elles peuvent aussi avoir pour cadre un château, un entrepôt, un *chapiteau* installé dans une forêt, une petite salle, ou une *péniche*. [...]

Décors: créés par ordinateur.
«Dans une rave, le visuel est essentiel.» Toujours très cosmique, le décor doit donner envie de *s'évader*. Il est en général *conçu* à partir de techniques modernes (ordinateurs). Les thèmes les plus souvent abordés: l'eau, le métal, les astres, le virtuel, et tout ce qui symbolise un retour aux sources. Parmi les éléments du décor, les stromboscopes, *les fumigènes* et les écrans sont impératifs.

Tenue: chacun à son goût.
Chez les ravers, il n'y a aucun *code vestimaire* spécial, estime Paulo qui affirme: «À chacun son délire. L'essentiel est *d'être à l'aise*. [...]
Certains ravers viennent déguisés en clown, d'autres avec des tee-shirts *bariolés*, psychédéliques. D'autres encore avec des *bonnets*. Le Rap, c'est *la casquette*. La techno, c'est le bonnet.»

Drogue: un vrai problème.
C'est vrai qu'il y a des problèmes, reconnaît Paulo. «La drogue? Dans les premières raves, on n'en voyait pas autant qu'aujourd'hui. Des dealers cherchent à profiter de ces *rassemblements*. Grâce à un système de sécurité, aux *videurs* placés à l'entrée des sites, on fait tout pour que la drogue n'entre pas. D'ailleurs, dans le milieu techno, la plupart des gens la refusent. Quand on aime vraiment la techno, on n'a pas besoin de ça pour s'éclater. [...]»

(Petit guide du branche techno, France -Soir, 25-7-1994, © France-Soir / Presse-Alliance 1998)

VOCABULAIRE

insolite: étrange, bizarre (seltsam) – **la surprise-partie:** fête où on danse – **s´éclater:** s´amuser comme des fous (sich total gut unterhalten) – **l'épuisement:** la fatigue totale (Erschöpfung) – **inoffensif:** pas dangereux (harmlos) – **le cauchemar**: le rêve horrible (Alptraum) – **branché:** „in" – **débarquer** (familier)*:* arriver (ankommen) – **divaguer:** délirer (fantasieren) – **un entrepôt:** grand bâtiment pour garder des marchandises en réserve (Lagerhaus) – **désaffecté:** qui n´est plus utilisé (verlassen) – **piquer du courant:** Strom anzapfen – **brancher la sono:** Verstärkeranlage anschließen – **clandestin:** secret, pas autorisé (heimlich) – **se déconnecter:** oublier tous ses problèmes (abschalten) – **une terre d´accueil:** un endroit pour tous sans distinction (Gastland) – **le chapiteau:** tente de cirque (Zirkuszelt) – **la péniche:** bateau de transport – **s´évader:** oublier la réalité (abschalten) – **le fumigène:** appareil qui produit de la fumée (Nebelgerät) – **le code vestimentaire:** la tenue, les habits (obligatorisches Outfit) – **être à l´aise:** se sentir bien – **bariolé:** de toutes les couleurs (bunt) – **le bonnet:** Mütze ohne Schirm (techno) – **la casquette:** Schirmmütze (rap) – **le rassemblement:** Treffen, Zusammenkunft – **le videur:** personne qui jette les gens dehors dans une disco (Rausschmeißer)

Question Générale

Le thème principal du texte est:

A : un historique des raves?

B : une vue d'ensemble sur le phénomène culturel «rave»?

C : Les raves, un danger pour la jeunesse?

Commentaire Lexical et Grammatical

1 *Trouvez un synonyme:*
L. 11: veut dire – L. 13: poursuivre la fête – L. 17: évoluer – L. 26: en général
L. 32: essentiel – L. 38: affirmer

2 *Trouvez un antonyme:*
L. 1: apparu, apparaître – L. 1: la jeunesse – L. 7: inoffensif, ve – L 32: essentiel –
L. 46/47: on fait tout pour...

3 *L. 38/39: à chacun son délire:*
a) à chacune ... délire.
b) à vous ... délire.
c) à vous ... délires.
d) à eux ... délires.
e) à elles ... délires.
f) à moi ... délire.
g) à toi ... délires.

4 L. 1: Les raves font vibrer la jeunesse:
Mettez la phrase à l'imparfait, au passé composé, au futur, au plus-que-parfait, au futur antérieur, au subjonctif présent.
Même exercice pour les phrases suivantes:
a) Les jeunes dansent dans les raves.
b) Les jeunes sortent le soir.

Loisirs et Musique

Commentaire de Texte

1.   a) *Qu' est-ce qu'une rave?*
      b) *D'où viennent les raves?*
      c) *Quand sont-elles arrivées en France?*

2.   L. 19-24: *Décrivez les buts et les moyens d'une soirée techno.*

3.   L. 26-30: *Où ont lieu les raves?*

4.   L. 32-36: *Que nous apprend ce passage sur le décor d'une rave?*

5.   L. 38-42: *Y-a-t-il une tenue vestimentaire techno? Comparez avec le rap.*

6.   L. 44-48: *Résumez le dernier paragraphe sur le problème de la drogue.*

LES CULTURES JEUNES

B Le franglais

 Le problème de la défense et de la promotion de la langue française s'est posé bien avant l'apparition du franglais.

En 1635 sous Louis XIII, Richelieu créa *l'Académie française*. Dès 1639 elle reçut pour mission de garder la langue française. Depuis trois siècles, ses 40 membres veillent sur la langue et son développement. Le travail essentiel des académiciens est *la publication d'un dictionnaire et d'une grammaire*. Le premier dictionnaire parut en 1694. C'est l'Académie qui autorise l'emploi de mots nouveaux.

La loi du 4 Août 1994 pose le principe que la langue française est la langue de l'enseignement, du travail, des échanges et des services publics, ainsi que «le lien privilégié des états constituant la Francophonie». Cette loi favorise la promotion du français et combat l'abus de termes étrangers (presque uniquement des anglicismes). Elle est plus connue sous le nom de *loi Toubon*, J.Toubon étant alors le ministre de la culture et de la francophonie.

Un anglicisme: un terme anglo-saxon transporté dans une autre langue

un afflux massif:	une invasion (Überschwemmung)
un excès, excessif:	démesuré (grenzenlos)
l'américanisation:	l'influence de la culture des Etats Unis sur une autre culture
assimiler, l'assimilation (f):	aufgehen in
le franglais:	langue française pleine d'anglicismes

Exemples:
Parlez-vous french?

le walkman:	le baladeur	*le leasing:*	loué avec option d'achat
le lifting:	le remodelage	*le sponsor:*	le paraineur
le hit-parade:	le palmarès	*le play-back:*	la présonorisation
le computer:	l'ordinateur	*soft-ware:*	le logiciel
hard-ware:	le matériel	*le doping:*	le dopage
team:	l'équipe		

● Le franglais

Basket de rue
La fièvre du macadam

Texte 3

Assistons-nous à la naissance d'une «culture basket» dans la société française contemporaine? Depuis deux ans environ, surtout après les Jeux Olympiques de Barcelone en 1992 et la victoire éclatante du «Dream team» de la NBA (National Basket Association) américaine, la jeunesse des cités *HLM* des banlieues de la région parisienne et des grandes *agglomérations* s'est *emparée* de ce sport – basket de rue ou street ball – *issu* des ghettos des grandes villes des États-Unis.

La casquette bien *calée* sur la tête, avec la visière tournée vers l'arrière, vêtus de tee-shirts et de shorts *démesurément* larges où les gestes, les membres ont l'air de flotter comme en *apesanteur*, chaussés de baskets à [...] semelles de coussins d'air mais toujours [...] *délacées*, les adolescents des cités *HLM* de banlieue font *inlassablement rebondir* sur le *bitume* le ballon orange, symbole du basket ball. Des milliers de jeunes Français, en majorité d'origine maghrébine ou africaine, issus pour la plupart des milieux sociaux les plus défavorisés et les premiers touchés par un phénomène *d'exclusion* lié au *chômage* et à la crise économique, ceux que l'on appelle la génération *urbaine* des «BBB» (Black, Blanc, Beur), se reconnaissent ainsi dans ces héros américains qu'incarnent «Magic» Johnson, Michael Jordan ou Larry Bird.

La Fédération française de basket ball a donc vu, en l'espace de deux ans, ses effectifs augmenter de 20%, et commence à s'intéresser de près à ces jeunes des playgrounds (terrains de jeux), lesquels constituent de véritables réservoirs des champions de demain. Mustapha Sonko, par exemple, Africain âgé de vingt ans, est l'une des premières *vedettes* du basket ball français qui a appris à jongler avec le ballon orange sur les terrains de jeux de sa banlieue. En outre, le «basket de rue» requiert un équipement relativement peu *onéreux* et les jeunes créent parfois eux-mêmes leur propre playground, mettant à profit un parking *désaffecté*, avec un vieux *caddie de supermarché en guise* de panier...[...]

Une presse spécialisée a vu le jour et, après Maxi Basket, [...], sont apparus Mondial Basket, qui *décroche* aujourd'hui la palme des ventes, ou encore Cinq Majeur et Sport Action Basket. Sans parler des fabricants de chaussures de sport comme Nike ou Reebok et le Français Adidas qui à son tour s'est lancé dans la course, qui organisent et financent des tournois, cultivant [...] à travers leurs campagnes de publicité «l'esprit basket»: la liberté de mouvement, *le dépassement* de ses propres limites, etc. [...] Il y a un lien, un ciment commun entre cette «culture basket» et *l'engouement* pour la musique «rap», [...] le mouvement «tag», discernant là une réaction pacifique où la violence latente de ces quartiers «chauds» trouverait un *exutoire*. Mais ce qui frappe dans cette «basketmania», c'est peut-être surtout le souci de *l'auto-arbitrage*, *la prise en compte* de la compétition affrontée dans le respect de l'autre et de règles communes, le jeu figurant, en quelque sorte, une école de la responsabilité. Une sorte de paradoxe qui verrait *l'austérité*, la violence même du trottoir ou du terrain de macadam entouré de grillages offrir à ces jeunes la liberté de *rebondir*, de s'élancer vers le ciel comme le ballon qu'ils poursuivent et se disputent comme en dansant.

(Philippe Edelmann, Le Français dans le monde n° 260, Oct. 1993)

VOCABULAIRE

HLM: habitation à loyer modéré: logement bon marché subventionné par l´ État pour les personnes défavorisées (Sozialwohnung) – ***inlassablement:*** sans se fatiguer (unermüdlich) – ***rebondir:*** aufspringen – ***une agglomération:*** une ville – ***calé:*** qui tient bien, enfoncé (hier: festsitzend) – ***démesurément:*** très (übertrieben) – ***l´apesanteur (f):*** sans poids (Schwerelosigkeit) – ***lacé:*** fermé – ***délacé:*** ouvert – ***le bitume:*** l´asphalte, le macadam – ***l´exclusion (f):*** le rejet (Ausgrenzung) – ***le chômage:*** le manque total de travail (Arbeitslosigkeit) – ***urbain,e (adj):*** de la ville – ***la vedette:*** la célébrité, la star (Star) – ***peu onéreux:*** pas cher (billig) – ***désaffecté:*** qui ne sert plus, vide (verlassen) – ***le caddie de super-marché:*** la petite voiture métallique pour mettre les achats (Einkaufswagen) – ***en guise de:*** à la place de (anstatt) – ***décrocher:*** ici: obtenir (bekommen) – ***le dépassement:*** Überwindung – ***l´engouement pour:*** le goût très prononcé pour (Vorliebe für) – ***l´exutoire:*** le dérivatif (das Ventil) – ***l´autoarbitrage:*** Schiedsrichter über sich selbst sein – ***la prise en compte:*** die Erwägung – ***l´austérité (f):*** la dureté (Strenge)

Question Générale

Après une relecture attentive du texte, pensez-vous que le sujet principal du texte soit:

A : Un essai de définition de l'esprit du basket de rue?

B : Une analyse socio-culturelle du basket de rue?

C : L'américanisation de la culture, traitée à travers l'exemple du basket de rue?

Commentaire Lexical et Grammatical

1. *Trouvez un synonyme ou une expression équivalente:*
   a) contemporain, **b)** environ, **c)** issu de, **d)** vêtu de,
   e) inlassablement, **f)** en majorité, **g)** réservoir, **h)** latent.

2. *Lasser – inlassablement, sur le même modèle, formez des adverbes à partir des verbes suivants:* fatiguer, discuter, croire, expliquer.

3. *Très ou beaucoup?*
   a) C´est un homme … agréable.
   b) Ce film est … ennuyeux.
   c) Ce livre me plaît …, je te le prête, mais fais-y … attention.
   d) Cet enfant est … courageux, il a … travaillé.
   e) Il fume … .

- Le franglais

4   L. 7: «La casquette bien calée». *Refaites la phrase en entier en utilisant le verbe être.*

5   L. 30: «Il y a un lien ... » *Refaites la phrase en commençant par «bien que».*

6   L. 7: vêtu – dévêtu, *formez des antonymes en ajoutant un préfixe aux adjectifs suivants:* favorable, égal, social, responsable, certain, buvable

Commentaire de Texte

1   *Relevez tous les anglicismes du texte et retraduisez-les en français.*

2   L. 1-6: a) *D'où vient la culture du street-ball?*
     L. 2-5: b) *Depuis quand est-elle populaire en France?*
     L. 9-24: c) *Dans quel milieu est-elle très vivante? Donnez-en les raisons.*

3   L. 7-11: *Décrivez le «look» du joueur de basket.*

4   L. 32/33: *Qu'est-ce qu'un quartier «chaud»?*

5   L. 29-38: *Essayez de définir l'esprit du basket.*

Question de Réflexion

1   *Êtes-vous un «fan» du street-ball? Pourquoi êtes-vous pour ou contre? Pratiquez-vous un autre sport et que vous apporte-t-il?*

A   La chanson française depuis 1945

 Un dicton populaire affirme qu'«en France tout finit par des chansons», c'est bien sûr un cliché, mais cela montre néanmoins la place privilégiée de ce genre artistique dans la culture française.

La chanson en tant qu'art populaire révèle l'âme d'un peuple: elle illustre aussi bien son histoire quotidienne par des chants de travail, d'amour, de fêtes, des comptines enfantines etc. ... que ses grands moments historiques par des chansons révolutionnaires comme «La Marseillaise» ou «Le Chant des Partisans» des résistants pendant la dernière guerre mondiale.

Nous pouvons distinguer cinq grands courants dans la chanson française depuis la fin de la deuxième guerre mondiale:

1. **La chanson intellectuelle:**
   Elle est née à Paris dans les caves de Saint-Germain-des-Prés et les cabarets du Quartier Latin (quartier étudiant). Elle privilégie le texte. Ses principaux interprètes sont: Juliette Gréco, Léo Ferré, Barbara.

2. **La variété:**
   La variété, comme son nom l'indique, touche à tous les domaines de la vie, texte et mélodie y sont importants avec toutefois une prédominence de la mélodie. Ses principaux interprètes sont: Edith Piaf, Charles Aznavour, Jean Ferrat, Nana Mouskouri ...

3. **Les Yéyés** arrivent au début des années 60, c'est le triomphe du rythme et du rock anglo-américain. Ses principaux interprètes sont: J. Halliday, R. Antony, E. Mitchell, S. Vartan ...

4. **La chanson engagée** ou contestataire reflète les problèmes de son époque, ses textes dénoncent et critiquent les méfaits tels que: la guerre, le racisme, les scandales politiques etc. Ce style de chanson qui a toujours existé a connu un renouveau notoire à la fin des années 60 grâce au succès d'auteurs américains tel que B. Dylan et à la politisation d'une grande partie de la jeunesse. Son principal interprète est H. Aufray.

La chanson française depuis 1945

5   «La nouvelle chanson française»:
Au début des années 80, les médias se sont mis à parler de «la nouvelle chanson». Elle renoue avec la tradition française sans éliminer pour autant les influences étrangères surtout musicalement. Elle est en quête de nouveaux horizons, elle fait place au rêve mais s'inspire aussi de la réalité quotidienne. Texte et mélodie s'y équilibrent souvent harmonieusement. On la fait commencer dans les années 80. Ses principaux interprètes sont: Renaud, Duteuil, Goldman, Souchon …
Ce classement est bien sûr schématique et ne tient pas compte de chanteurs célèbres qui ont beaucoup de succès auprès d'un nombreux public et ne se laissent pas facilement classer. Citons: Gainsbourg, Montand, Nougaro, Brassens, Brel …

Vocabulaire de base

La chanson

une chanson:	un texte et une mélodie
le chanteur, la chanteuse	
chanter:	interpréter une chanson
un auteur compositeur:	il écrit les paroles et la musique de ses œuvres (der Liedermacher)
donner un concert:	chanter en public
enregistrer un disque dans un studio:	faire un disque (eine Platte aufnehmen)
fredonner:	chantonner une mélodie (summen)
un air:	une mélodie
un air à la mode	
la chanson engagée:	chanson à message politique, social, humanitaire (sozial-kritisch)
la gamme:	les notes de musique de do (= c) à do (die Tonleiter)

Né en 17 à Leidenstadt *de Jean Jacques Goldman*   Texte 4

J.J. Goldman appartient à la nouvelle génération d'auteurs compositeurs qui a grandi avec le rock et les guitares électriques. Il a adapté la chanson française classique aux goûts de sa génération. Il connaît un grand succès depuis le début des années 1980.
«Né en 17 à Leidenstadt» est un texte représentatif de la nouvelle chanson engagée, porteuse d'un «message» qui dépasse les limites d'une chanson habituelle (qui, elle, ne raconte qu'une petite histoire individuelle).

CULTURE

Et si j'étais né en 17 à Leidenstadt
Sur les ruines d'un champ de bataille,
Aurais-je été meilleur ou pire que ces gens
Si j'avais été allemand?

Bercé d'humiliation, de haine et d'ignorance,
Nourri de rêves de revanche,
Aurais-je été de ces improbables consciences,
Larmes au milieu d'un *torrent*?

Si j'avais grandi dans les docklands de Belfast
Soldat d'une *foi*, d'une caste,
Aurais-je eu la force *envers et contre* les miens
De *trahir*: tendre une main?

Si j'étais née blanche et riche à Johannesburg,
Entre le pouvoir et la peur,
Aurais-je entendu ces cris portés par le vent?
Rien ne sera comme avant.

On saura jamais c'qu'on a vraiment dans nos ventres
Caché derrière nos apparences
L'âme d'un *brave* ou d'un complice ou d'un *bourreau*?
Ou le pire ou le plus beau?
Serions-nous de ceux qui résistent ou bien les moutons d'un troupeau,
S'il fallait plus que des mots?

Et si j'étais né en 17 à Leidenstadt
Sur les ruines d'un champ de bataille,
Aurais-je été meilleur ou pire que ces gens,
Si j'avais été allemand?

Et qu'on nous *épargne* à toi et moi si possible très longtemps
D'avoir à choisir un camp.

VOCABULAIRE

bercé d´humiliation: élevé dans une atmosphère de honte (in Demütigung aufgewachsen) – **l´humiliation, (f):** la honte, l´abaissement; subir une humiliation, être humilié (eine Demütigung erleiden) – **le torrent:** la rivière de montagne très rapide (Gebirgsfluss) – **la foi:** la croyance religieuse (der Glaube) – **envers et contre tout:** quoiqu´il arrive (allen Widersachern zum Trotz) (expression standard reprise et transformée par l´auteur en: envers et contre les miens) – **trahir quelqu´un:** le dénoncer, le tromper – **la trahison:** la dénonciation – **le traître, la traîtresse**: personne qui commet une trahison

● La chanson française depuis 1945

(Verräter) – *le bourreau:* celui qui tue un condamné à mort (der Henker) – *brave:* courageux – *épargner:* éviter, ménager (schonen) – *qu´on nous épargne d´avoir à choisir un camp*: qu´on ne nous oblige pas à choisir un camp

Question Générale

A : Le Je du texte s´identifie à ceux qui sont «du mauvais côté».

B : Le Je regrette de ne pas avoir été mis à l´épreuve, ce qui lui aurait permis de se connaître vraiment.

C : Le Je du texte espère ne jamais être mis à l´épreuve.

Commentaire Lexical et Grammatical

1   *L´expression de la condition: Si j´étais né à … aurais-je été meilleur?*
Refaites la phrase avec: si tu … si elle … si nous …

2   *Si Martin avait de l´argent, il irait en vacances. Faites 4 phrases sur ce modèle.*

3   *Si ou quand?*
Si *erscheint in Konditionalsätzen und entspricht „wenn, falls".*
Quand *erscheint in Temporalsätzen und entspricht „wenn, wann, sobald".*

       a) … elle faisait attention, elle ferait moins de fautes.
       b) … tu téléphoneras à tes parents, embrasse-les de ma part.
       c) … il fera beau, nous partirons nous baigner.
       d) … il faisait beau, nous partirions nous baigner.
       e) … tu t´es déja lavé les dents, arrête de manger des gâteaux!
       f) … tu te seras lavé les dents, tu arrêteras de manger des gâteaux.

4   *Donnez l´adjectif qui correspond:*
Exemple: la ruine-ruineux, se;
la haine, l´ignorance, la conscience, la peur, le complice.

5   *Aurais-je été meilleur?, mais il chante mieux. Complétez par meilleur ou mieux.*
a) Il travaille … que son frère. – **b)** Elle a la … guitare. – **c)** Est-ce que tu aimes … aller au cinéma ou au théâtre? – **d)** C´est la … chanson de J.J. Goldman! – **e)** Ce disque est super mais celui-ci est …! – **f)** Tu me plais … en rouge qu´en noir. – **g)** Le rouge te va bien, mais le bleu te va beaucoup …!

Commentaire de Texte

1. *Expliquez et commentez:*
   a) On ne saura jamais ce qu'on a vraiment dans nos ventres.
   b) Les moutons d'un troupeau.

2. *Quelles sont les 3 villes choisies par JJG? Pourquoi compare-t-il les 3 situations?*

3. *Relevez tous les termes se rapportant à la violence et trouvez un mot de la même famille.*
   Exemple: ruines – ruiner

4. *Quel est le message de JJG et qu'en pensez-vous personnellement?*

Question de Réflexion

1. *Si vous pouviez remonter dans le temps, quelle époque choisisseriez-vous, pour quelles raisons et qu'aimeriez-vous y faire?*

B ◢ La bande dessinée

EN BREF

«Loin d'être un simple phénomène de société, la bande dessinée ou le neuvième art est un média à part entière aux remarquables spécificités. En un siècle et demi, elle a donné naissance aux œuvres les plus diverses, s'adressant à toutes sortes de public. [...]

[...]
Depuis 1968, la bande dessinée européenne a connu de profonds bouleversements, renouvelant [...] son public, son graphisme et ses contenus. Longtemps liée au monde de la presse, elle a rejoint celui du livre. Traditionnellement vouée à l'enfance, elle s'est tournée vers les adultes. [...]. Elle a élargi son territoire à des domaines qui lui paraissaient à jamais fermés: l'érotisme, la politique, l'autobiographie, etc. [...]»

La BD francophone (française et belge) est célèbre dans le monde entier. Sa principale manifestation est le Salon international de la BD d'Angoulême qui y a lieu chaque année depuis 23 ans et attire un public cosmopolite.

Vocabulaire de base

Bande dessinée

la BD:	la bande dessinée (Comic)
le dessin animé:	le film dessiné pour le cinéma (à ne pas confondre avec la BD) (Zeichentrickfilm)
le héros:	(Held)
contraire: l'anti-héros	
l'album (m):	le livre de BD (Comicband)
l'imaginaire (m):	le monde de la fiction (Fantasiewelt)
l'humour (m):	avoir de l'humour, contraire: manquer d'humour
une histoire humoristique	L'hum**ou**r – hum**o**ristique !
la plaisanterie,	
faire une plaisanterie:	Witz, Scherz, einen Witz machen
le gag	
amusant, drôle,	
plein d'humour,	
rigolo (familier):	lustig, witzig

la caricature	
le sujet de:	le thème de
le festival de la BD d'Angoulême:	manifestation importante pour les auteurs et les éditeurs. Il se déroule une fois par an dans cette ville depuis 1972 et a une réputation mondiale.

Texte 5 Interview avec un auteur de BD

Écoute: Comment avez vous conçu le personnage Astérix?

A. Uderzo: Goscinny et moi avions dans l'idée de faire de la bande dessinée (BD) comique, comme alternative européenne à la production américaine. Dans les années 50 la BD en Europe, c'était assez réaliste, sérieux, avec des héros qui avaient le physique de leur destin, de leurs aventures. On a voulu apporter en Europe cet humour des BD américaines. Le thème des Gaulois avait déjà été exploité, mais seulement sur le mode sérieux. L'idée de prendre les Gaulois sur un mode humoristique, face à l'invasion romaine, en montrant que les Romains n'avaient pas vaincu la Gaule, parce que justement «un paisible petit village, Petitbonum et sa potion magique et caetera...», tout cela relève d'une optique très «gag», très humoristique. C'est en partant de cette optique que les idées nous viennent. C'est surtout la façon d'interpréter les personnages qui compte. On a voulu créer un anti-héros, [...] parce que les jeunes lecteurs pouvaient y trouver une identification. Goscinny l'imaginait petit, laid, rusé. Moi, je l'avais dessiné en me souvenant du Vercingétorix des livres d'histoire: mon anti-héros était grand et blond. Comme je suis têtu, Astérix est devenu ce qu'il est, mais je l'ai accompagné d'un personnage grand, gros et fort, qui n'avait alors qu'un rôle très secondaire. Puis Goscinny s'est vite rendu compte qu'on ne peut pas faire bouger un anti - héros. C'est à la rigueur possible dans un seul gag, mais pas dans une histoire. Astérix ne pouvait pas être un anti-héros, il est donc devenu un héros et Obélix son pendant. Il a beaucoup de défauts, mais ce sont des défauts sympathiques- [...]

Écoute: A quoi attribuez-vous l'immense succès d'Astérix, même au-delà de l'Hexagone?

A. Uderzo: Pour moi c'est très mystérieux, et je tiens à ce que cela reste un mystère. Mais les Français sont très cartésiens et veulent toujours expliquer les choses: ce serait le goût cocardier de ce peuple, ou bien l'assimilation de la «Gaule» avec «de Gaulle» qui arrivait au pouvoir en même temps qu'Astérix. Cela nous gênait, car nous avons toujours trouvé malhonnête de projeter nos options politiques sur des enfants. Ce qui nous a rassurés, c'est qu'on ne pouvait expliquer de la même façon le succès remporté par Astérix en Allemagne, par exemple. Ce succès ne vient pas d'une cause particulière, mais à mon avis d'un ensemble de choses. Goscinny avait ce caractère d'une spiritualité bien à lui, dont beaucoup se sont

B

La bande dessinée

inspirés, cet humour particulier qui, allié à mon dessin, a produit cette entité qui a plu aux gens. Je crois qu'on ne peut pas donner une raison pour laquelle Astérix ferait plus rire qu'une autre bande dessinée. Si on savait à quoi est dû le succès, ce serait trop simple. Eh oui, si on avait le secret de la potion magique tout le monde essaierait d'en faire […]

(Écoute, 1984)

Le succès d'Astérix en chiffres

En trente-cinq ans, plus de 261 millions d'albums ont été vendus, dont 94 millions en France, 82 en Allemagne et 19 en Grande-Bretagne. A ce jour, ses aventures comptent vingt-neuf albums, plus trois *tirés de* films et un hors série, le tout traduit en 57 langues et dialectes. En juillet dernier, à la question: «Avez-vous déjà lu un album d'Astérix?», 68% des Français sondés par *l'IFOP* ont répondu par l'affirmative, avec une pointe à 85% chez les moins de 35 ans. Magnifix!

(France-Soir, 27-10-1994, © France-Soir / Presse-Alliance 1998)

VOCABULAIRE

concevoir (p.p. conçu): créer, envisager (ins Leben rufen) – *exploiter:* utiliser (benutzen) – *relever de:* provenir de (stammen von, aus) – *rusé:* malin, subtil, malicieux (schlau) – *têtu:* obstiné, tenace (dickköpfig) – *à la rigeur:* à la limite (unter Umständen, zur Not) – *tenir à, je tiens à ce que:* c´est très important pour moi (am Herzen liegen) – *cartésien:* rationnel, logique – *cocardier:* chauvin (Chauvinist) – *une entité:* l´essence de l´être (Wesen) – *tirer de:* extraire de (hier: stammen aus) – *L'IFOP:* Institut français d´opinion publique (Meinungsforschungsinstitut)

Question Générale

A : Astérix est-il un anti-héros?

B : Astérix est-il un héros?

C : Astérix est-il une caricature du français contemporain?

Commentaire Lexical et Grammatical

1 *Conjuguez les verbes en -oir:*
   a) Ce qui se concevoir bien, s´énonce bien.
   b) Comment pouvoir il concevoir ce plan, cela ne lui ressemble pas.
   c) Il concevoir ce film l´année dernière.
   d) Nous apercevoir Marie hier soir.
   e) Elle s´apercevoir qu´elle avait oublié ses clés.
   f) Nous ne pas s´apercevoir de son absence.
   g) Imparfait
   h) Apercevoir un restaurant, nous y sommes entrés.

2
CULTURE

2 *Remplacez l'expression soulignée dans les phrases suivantes.*
L. 7: en montrant que ...
L. 10: c'est en partant de
L. 15: ... qui n'avait.

3 *Refaites la phrase L. 30:* Je crois qu'on ne peut pas donner ...
commencer par: Je ne pense pas ...

4 L. 31: Si on savait à quoi est dû le succès, ce serait trop simple.
Refaites la phrase 1. au présent, 2. au p.c., 3. au pqp.

5 *Trouvez plusieurs mots de la même famille:*
L. 3: l'alternative; L. 3: la production; L. 5: l'humour; L. 8: vaincre; L. 8: paisible;
L. 9: l'optique; L. 13: laid; L. 15: fort; L. 16: le héros

Commentaire de Texte

1 L. 1-12: *Quelles sont les idées qui ont conduit Uderzo et Goscinny à créer Astérix?*

2 **a)** L. 12-19: *Quelles étaient les grandes lignes du personnage initial d'Astérix?*
b) *Pourquoi Uderzo l'a-t-il modifié ensuite?*

3 L. 21-32: *Comment Uderzo interprète-t-il le succès de son personnage?*

4 (→ texte 2) *Qui sont les lecteurs d'Astérix?*

Questions de Réflexion

1 *Si vous deviez écrire une BD, quelle époque et quel type de héros choisisseriez-vous, et pour quelles raisons?*

2 *Quel est votre personnage de BD préféré? Pourquoi? Décrivez - le.*

3 *Il existe des BD pour apprendre l'histoire de la France ou la vie de Jésus. Que pensez-vous des avantages et des inconvénients de ce média pour les sujets sérieux?*

L'ÉCOLE ET APRÈS

A ▸ Le système scolaire

Les structures essentielles

L'école est obligatoire de 6 à 16 ans. *L'enseignement public* (85% des élèves) est gratuit et laïque (sans enseignement religieux).

L'école privée / libre (15%) est payante et presque toujours catholique (90%).

Après l'école maternelle (de 2 à 5 ans), on distingue 2 niveaux:
– *le primaire*, de 6 à 11 ans;
– *le secondaire*, de 11 à 17 ans: *le collège*, de 11 à 14 ans
 (sixième, cinquième, quatrième, troisième)
 le lycée, de 15 à 17 ans
 (seconde, première, terminale).

A la fin de la seconde, on est orienté vers un enseignement professionnel court ou vers le baccalauréat (Bac).

Les *filières du bac* sont: S (mathématiques et sciences naturelles), E (économie), L (lettres), STT (commerce et comptabilité).
Plus de la moitié des élèves sont reçus au bac (bestehen das Abitur).
Objectif: 80% de bacheliers

L'enseignement supérieur: 1 jeune sur 3 y accède

l'université: 70% y entrent, avec le bac
les grandes écoles: 6% y entrent, sur concours
les *IUT* (instituts universitaires de technologie): 8% y entrent, sur dossier.

A l'université, on peut obtenir le DEUG après 2 années d'études (Bac+2), *la licence* après 3 années (Bac+3), *la maîtrise* après 4 années (Bac+4).

On peut également passer à l'université les concours du CAPÈS ou de *l'agrégation* qui préparent à l'enseignement.

Le système scolaire

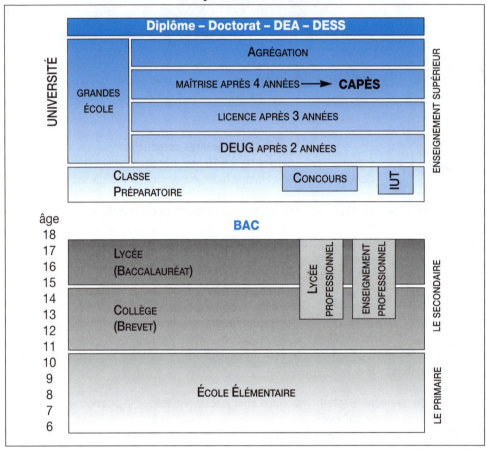

Vocabulaire de base

Système Scolaire

l'emploi du temps (m):	la répartition des cours (Stundenplan)
le cahier de texte:	l'élève y inscrit son emploi du temps et les devoirs qu'il doit faire (Schulheft)
la note:	de 0 à 20 (la meilleure note). 10 est la moyenne, note suffisante mais pas très bonne
la matière:	Français, Maths, Histoire etc. (Schulfach)
le rattrapage:	les leçons particulières: destinées aux élèves en difficulté (Nachhilfe)

Le système scolaire

l'enseignant/e:	le professeur (ce mot n'existe pas au féminin!)
l'instituteur/trice:	enseignant de classe primaire (Grundschullehrer/in)
le / la surveillant/e:	le „pion" (familier): personnel supplémentaire, non enseignant, chargé de surveiller les élèves
le bahut:	(familier): le lycée
sécher un cours:	(familier): ne pas assister à son cours (schwänzen)
la filière:	l'orientation (Studiengang, -richtung)
redoubler:	refaire la même classe. Cela arrive plus souvent aux élèves français qu'allemands (sitzen bleiben)
le bulletin trimestriel:	livret contenant les notes obtenues (Zeugnis). Est envoyé aux parents tous les 3 mois.
le renvoi – l'exclusion (f):	provisoire ou définitif/ve. Etre renvoyé (Ausschluss vom Unterricht bzw. von der Schule)

La vie au lycée / au collège

L'école française ayant lieu toute la journée offre a l'élève une structure d'accueil plus développée que l'école allemande.

Les surveillants (qui ne sont pas des enseignants) appelés familièrement «les pions», sont chargés de la discipline: ordre et comportement correct des élèves. Ils surveillent également les élèves lorsque les professeurs sont absents et durant l'étude, où ceux-ci restent après les cours pour faire leurs devoirs.

Les élèves déjeunent, s'ils le désirent, à *la cantine*, où un repas chaud leur est servi tous les jours.

Une infirmière accueille les élèves à *l'infirmerie*, si l'élève se sent malade ou s'il s'est blessé.

Chaque année, une *visite médicale* est effectuée dans l'établissement, par un médecin scolaire. On y contrôle poids, taille, santé, vaccins (Impfungen).

Presque chaque établissement est équipé d'une vraie *bibliothèque*, dirigée par une bibliothécaire.

Si l'élève a des problèmes scolaires ou personnels, il peut prendre rendez-vous avec *l'assistante sociale*, qui lui donnera des conseils.

3
L'ÉCOLE ET APRÈS?

Texte 6
Préparer l'école de demain

En cette période de crise économique et sociale, la fonction de l'école est très importante. Comment redéfinir son rôle, lui donner de nouvelles structures afin que chaque enfant ait les meilleures chances de trouver plus tard sa place, dans la société et sur le marché du travail?

Où va l'école? Est-elle bien adaptée à notre époque? Beaucoup de parents, d'enseignants, de responsables politiques se posent la question. Notre école publique repose en effet sur un système hérité de la fin du siècle dernier. Elle a été fondée sur des critères qui étaient liés au contexte économique et politique de l'époque. *Malgré* des *modifications* importantes, elle continue cependant à fonctionner, à peu de choses près, sur les mêmes bases, alors que la société s'est profondément transformée.

Comment la faire vraiment *évoluer*? L'un des éléments du débat porte aujourd'hui sur le rôle respectif de l'instruction et de l'éducation. Autrefois, l'école avait pour *mission* d'instruire, c'est-à-dire de *transmettre* l'ensemble des savoirs fondamentaux: lire, écrire, compter, s'exprimer. De nos jours, elle voit son rôle élargi et concurrencé. L'évolution des connaissances, et surtout les moyens d'y *accéder*, se sont considérablement diversifiés. On apprend non seulement en classe, mais aussi en fréquentant les musées et les bibliothèques, en lisant les journaux, en voyageant, sans parler des nouveaux moyens technologiques dont disposent nombre d'enfants sous forme de jouets! Du coup, l'école est *contrainte* de s'adapter. L'évolution est d'autant plus nécessaire que notre système éducatif traverse une crise. Les rôles sont souvent renversés: alors que la crise de l'école révèle celle de la société, on veut lui faire porter la responsabilité des insuffisances et des échecs de cette société. Par exemple, dans le cas du chômage, la faute serait celle du système éducatif, qui n'a pas su préparer les jeunes à s'adapter au monde du travail. Par ailleurs, l'école est l'objet *d'exigences contradictoires*: certains l'accusent de ne pas donner des éléments de morale aux nouvelles générations, *quitte à réclamer* que l'éducation soit réservée à la famille.

L'intégration sociale
Que faire? Instruire bien sûr, et par là même éclairer, c'est-à-dire montrer le sens de la formation de l'homme et du citoyen, en affirmant le principe de la laïcité, principe fondamental pour le respect et la dignité de tous. Mais l'école doit aussi avoir pour mission l'intégration sociale. Il faut aider, en particulier, les populations étrangères qui vivent chez nous à mieux s'intégrer; l'école publique peut jouer là un rôle *primordial*. L'école de la République doit aussi organiser l'égalité des chances. Certes, le niveau général des connaissances dans notre pays progresse, toutes les études le montrent, mais il ne monte pas également pour tous. Parmi les enfants de *défavorisés*, beaucoup ne peuvent poursuivre leurs études.

Lutte contre les inégalités, lutte contre toutes les formes *d'exclusion*; éducation à la citoyenneté, telles doivent donc être les priorités de notre système scolaire. Dans ce but, l'école de demain devra être plus ouverte sur le monde et sur ses évolutions. Il lui faudra travailler avec

● Le système scolaire

                                                                                        A

les parents, mais également avec *les associations éducatives* et *les collectivités locales*. Il
35   faut faire de l'école, avec l'ensemble des citoyens, le grand chantier prioritaire de l'avenir.

(Jean-Marc Roirant, Les Clés de l'actualité, n° 110, Janv. 1995)

VOCABULAIRE

malgré: trotz – *la modification:* le changement (Änderung) – *évoluer:* se développer (sich entwickeln) – *la mission:* la tâche, le devoir (Aufgabe) – *transmettre:* ici: enseigner (vermitteln) – *accéder à:* atteindre (erreichen) – *contraint:* obligé, forcé (verpflichtet, gezwungen sein) – *l'exigence (f):* la nécessité (Anspruch) – *contradictoire:* widersprüchlich – *quitte à réclamer:* tout en réclamant, en réclamant quand même – *primordial:* außerordentlich wichtig – *le défavorisé:* celui qui a moins que les autres, le pauvre (Benachteiligte) – *l'exclusion (f):* le fait de ne pas appartenir à un groupe social, d'être laissé en dehors (Ausschluss) – *l'association éducative:* groupe de personnes qui encadre les écoliers en dehors de l'école – *la collectivité locale:* le département ou la commune (etwa vergleichbar mit Gemeinderat)

Question Générale

Quelle est la bonne réponse?

A : Il faut revenir à un enseignement plus traditionnel afin que tous les enfants, y compris les enfants d'immigrés, aient les mêmes chances.

B : Il faut repenser le système éducatif en crise et l'adapter aux nouveaux besoins sociaux. En plus de l'acquisition des matières traditionnelles, l'école doit réduire les inégalités sociales et favoriser l'intégration des populations étrangères en offrant les mêmes chances à tous.

C : L'école doit s'adapter à la vie moderne: il faut réduire l'apprentissage des matières traditionnelles et plutôt emmener les enfants dans les musées, les bibliothèques, les faire voyager etc..

Commentaire Lexical et Grammatical

1   Style indirect. *Refaites les phrases suivantes en commençant par: Beaucoup de parents se demandent.*
    – Pouvons-nous lutter contre les inégalités?
    – Où va l'école?
    – L'école est-elle bien adaptée à notre époque?
    – Qu'est-ce qu'il faut que nous fassions?

— Faut-il lutter contre l'inégalité?
— Qu'attendons-nous vraiment de l'école?

2 L. 6: <u>Alors que</u> la société s'est profondément transformée. *Remplacez les mots soulignés par une expression synonyme et refaites la phrase.*

3 L. 14: <u>Du coup</u>, l'école est contrainte de s'adapter. *Remplacez cette expression un peu familière par une autre, plus soutenue (meilleure).*

4 *Les mots soulignés sont les réponses à des questions. Formulez ces questions.*
L'un des éléments du débat porte aujourd'hui <u>sur le rôle respectif de l'instruction et de l'éducation.</u>
L. 10/11: <u>L'évolution des connaissances, et surtout les moyens d'y accéder</u>, se sont considérablement diversifiés.
L. 25/26: Mais l'école doit aussi avoir pour mission <u>l'intégration sociale.</u>

Commentaire de Texte

1 *Le système scolaire s'est-il modifié depuis le siècle dernier?* (premier §)

2 *En quoi le rôle de l'école a-t-il évolué?* (L. 8-14)

3 *De quoi accuse-t-on l'école?* (L. 15-21)

4 *Quels doivent être les nouveaux buts de l'école publique?* (L. 25-35)

5 *Qui devrait aider la nouvelle école à se réaliser?*

Question de Réflexion

1 Certains l'accusent ... école. L. 19-21: *A votre avis, quel est le rôle des parents, quel est celui de l'école dans l'éducation d'un enfant?* (L. 33-35)

B La Laïcité

EN BREF

En France, l'idée de l'enseignement laïque, c'est-à-dire libre de toute influence religieuse, date de la Révolution française de 1789.

L'État et l'église sont séparés officiellement depuis 1905.

Les écoliers n'ont, en principe, *pas d'école le mercredi*, jour réservé, s'ils le désirent, à une instruction religieuse en dehors de l'école.

Il existe, parallèlement à l'école publique, une *école privée*, payante, religieuse (catholique à 90%).

Si l'école est très critiquée à l'heure actuelle, la laïcité n'est pas remise en question et la plupart des Français y restent très attachés.

Cette *neutralité religieuse* à l'école est mal comprise et mal acceptée par la communauté des immigrés musulmans pour qui la pratique de l'islam est intimement liée à leur vie quotidienne.

Il est interdit de porter à l'école des *symboles religieux* trop visibles. Les jeunes filles musulmanes n'ont donc pas le droit de porter leur foulard islamique à l'école, ce qui crée des polémiques (conflits) depuis plusieurs années. (→ texte 7)

Le foulard interdit d'école — Texte 7

Le ministre de l'Éducation nationale demande aux chefs d'établissements scolaires d'interdire le port des signes religieux trop voyants. Sans le nommer ouvertement, François Bayrou vise avant tout le foulard islamique.

L'école laïque est-elle menacée par le foulard islamique? La polémique, lancée en 1989 lors de l'affaire du collège de Creil, où deux adolescentes avaient fait leur rentrée la tête voilée par un hijab (foulard islamique), est *ravivée* cinq ans plus tard par le ministre de l'Éducation. Dans une *circulaire* adressée aux chefs d'établissement scolaire, François Bayrou demande d'interdire «la présence de signes si ostentatoires (voyants, à la limite de la provocation) que leur signification est précisément de séparer certains élèves des règles de vie commune de l'école».

3 L'ÉCOLE ET APRÈS?

Des signes religieux discrets

Même s'il n'est pas nommé dans le texte officiel, c'est bien le foulard islamique qui est mis en accusation. Il est vrai que parmi les jeunes filles qui le portent, certaines ont clairement exprimé des idées intégristes. En tout état de cause, la position du ministre *relaie* celle de l'opinion publique – 86% des Français se déclarent opposés au port du voile dans les écoles. […]

Sans plus de précision quant à leur nature exacte, les signes religieux «plus discrets» (croix catholique? kippa juive? …) ne peuvent, selon la circulaire, «faire l'objet des mêmes réserves».

Pour aussi fondées qu'elles soient à défendre la conception républicaine de la laïcité en France (appliquer la plus grande neutralité religieuse, politique et philosophique à l'école), les consignes du ministre n'ont pas, à l'heure actuelle, de valeur juridique. D'abord, elles devront être examinées par le *conseil d'administration* de chaque collège et lycée. Compte tenu de l'approbation quasi générale des syndicats d'enseignants, il est probable que le «non» au foulard l'emportera.

Il restera alors aux *principaux* et aux *proviseurs* à modifier en conséquence les règlements intérieurs de leurs établissements … et à les faire approuver par les parents d'élèves. Pour chaque cas *litigieux*, il leur faudra évaluer si tel signe religieux porté par un élève est, ou non, trop voyant.

Mais ce n'est pas tout. Plusieurs fois *saisis* pour des cas d'expulsion liées au port du foulard, différents tribunaux administratifs ont exigé la réintégration des élèves, en s'appuyant notamment sur la Déclaration des Droits de l'Homme qui garantit la liberté d'expression. C'est donc au Conseil d'État – la plus haute juridiction administrative –, dont la tolérance envers le foulard islamique s'est maintes fois exprimée, qu'il appartiendra finalement de *trancher* cette délicate question.

(Marie Bardet, Les Clés de l'actualité, Oct. '94)

VOCABULAIRE

Titre: expression impropre. A l'école. Jeu de mot faisant allusion à l'expression «interdit de séjour» réservé aux étrangers n'ayant pas le droit de résider en France. – ***ravivé:*** relancé (wiederbelebt, neu entfacht) – ***la circulaire:*** papier distribué pour faire connaître de nouvelles directives (Rundbrief) – ***relayer:*** remplacer, prendre la suite (hier: widerspiegeln) – ***le conseil d'administration:*** groupe responsable de l'organisation (Schulrat) – ***le principal:*** le directeur de collège – ***le proviseur:*** le directeur de lycée – ***litigieux:*** contesté, controversé, critiqué (strittig) – ***saisir un tribunal:*** charger un tribunal d'une affaire (ein Gericht anrufen) – ***trancher:*** résoudre (eine Lösung finden)

- La laïcité

Question Générale

Quelle est la bonne réponse?

A : Afin d'empêcher le port du foulard islamique à l'école, le ministre de l'Éducation demande aux chefs d'établissements d'interdire le port de signes religieux trop voyants. D'autres signes plus discrets seront autorisés.

B : Le chef de chaque établissement scolaire pourra désormais décider si tous les signes religieux sont tolérés dans l'établissement qu'il dirige.

C : Pour défendre la laïcité à l'école, le ministre fait passer une nouvelle loi interdisant tous les signes religieux à l'école.

Commentaire Lexical et Grammatical

1 *interdire – une interdiction*
exprimer – …; déclarer – …; approuver – …; appartenir – …; préciser – …; modifier – …

2 *Donnez des antonymes:*
la présence – …; l'interdiction – …; ostentatoire – …; la neutralité – …; l'approbation – …; probable – …

3 *Exprimez différemment les expressions soulignées:*
L. 17-19: Les signes religieux …ne peuvent <u>faire l'objet des mêmes réserves</u> – L. 20: <u>Pour aussi fondées qu'elles soient</u> à défendre … L. 23/24: <u>Compte tenu de</u> l'approbation générale

4 *Dans le/la/les - en: Exemple:* L. 12: Même s'il n'est pas nommé <u>dans le</u> texte officiel, c'est bien le foulard islamique qui est mis <u>en</u> accusation.
Complétez les phrases suivantes:
Je suis malheureusement … retard. – Laisse ton frère, il est … colère. – Il faut aider les personnes qui sont … malheur. – Nous partirons … vacances la semaine prochaine. – Nous nous sommes quittés … espoir de nous revoir bientôt.

Commentaire de Texte

1. *Que contient la circulaire de François Bayrou? (L. 7-10, 17-19)*

2. *Quelle est l'opinion générale des Français sur la question des «foulards»?*

3. *En quoi consiste le principe de la laïcité en France?*

4. *Certaines jeunes filles expulsées de leur école à cause de leur foulard, sont allées devant un tribunal administratif. Qu'ont décidé ces tribunaux et pourquoi? (L. 30-35)*

Questions de Réflexion

1. *Le port du foulard à l'école est le sujet d'une polémique qui dure déjà depuis plusieurs années. Pouvez-vous imaginer les arguments de ceux qui sont pour et de ceux qui sont contre?*

2. *Que pensez-vous du principe de laïcité dans les écoles françaises?*

• Vie professionnelle et chômage

C ▶ Vie professionnelle et chômage

«Car le monde et les temps changent ...» chantait Bob Dylan dans les années 70. Contrairement à la génération de leurs parents qui voulaient changer la société, la majorité des jeunes d'aujourd'hui désire s'y intégrer, y trouver sa place. La crise économique et le chômage ne facilitent pas ces aspirations. En effet, si en 1975 le taux de chômage des jeunes actifs était de 6%, il dépasse 22% en 1995. Le manque d'emploi et l'allongement de la scolarité poussent les jeunes à entrer de plus en plus tard dans la vie active et à rester de plus en plus longtemps chez leurs parents, les sociologues parlent de la génération «cocon». En 1980, 60% des jeunes vivaient chez leurs parents, en 1990 ils sont passés à 72%.

Le chômage et les jeunes:
Un an après la fin de leurs études 25% des jeunes avec Bac+2 sont chômeurs. 72% des jeunes sans qualification sont chômeurs.

(1993)

Total: 3,2 millions
Hommes: 45%
Femmes: 55%
Moins de 25 ans: 23%
De 25 à 50 ans: 55%
Plus de 50 ans: 20%

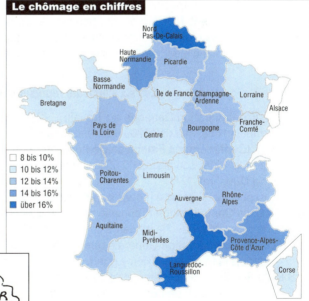

(Les Dossiers du Canard)

Les Syndicats

Vocabulaire

le syndicat:	die Gewerkschaft
les conventions collectives:	der Tarifvertrag
les négociations tarifaires:	die Tarifverhandlungen
négocier:	verhandeln
un employeur:	ein Arbeitgeber
un salarié:	ein Arbeitnehmer

Le pourcentage des Français syndiqués a considérablement diminué depuis 20 ans (la C.G.T. a perdu presque la moitié de ses adhérants entre 1975 et 1991). – Le pourcentage de Français syndiqués: entre 10 et 15%, ce qui est peu par rapport à d'autres pays européens. – La législation française n'oblige pas les salariés à se syndiquer. – Le syndicalisme est caractérisé par le pluralisme idéologique: marxisme, réformisme, anarchisme, christianisme...

Les six syndicats représentatifs:

La C.G.T. (Confédération Générale du Travail)
   depuis 1895, marxiste, 700 000 membres.
La C.F.D.T. (Confédération Française Démocratique du Travail)
   depuis 1919, socialiste, 500 000 membres.
F.O. (Force Ouvrière)
   depuis 1948, gauche modérée, 400 000 membres.
La C.F.T.C. (la Confédération Française des Travailleurs Chrétiens)
   depuis 1919, gauche modérée chrétienne, 150 000 membres.
La C.G.C. (la Confédération Générale des Cadres)
   depuis la fin de la deuxième guerre mondiale, au centre, 250 000 membres.
Le S.E. (le Syndicat des Enseignants) qui remplace
La F.E.N. (la Fédération de l'Éducation Nationale)
   en 1992, gauche modérée, 100 000 membres.

A côté de ces 6 grandes organisations, il existe de nombreuses organisations de moindre importance.
En **Allemagne**, les salariés et les employeurs (par l'intermédiaire de leurs syndicats respectifs) discutent et règlent leurs problèmes (par exemple: les négociations tarifaires, les conventions collectives) ensemble, de façon autonome, sans passer par l'intermédiaire de l'État, comme c'est souvent le cas en France.
En **France**, trop souvent encore, les syndicats s'opposent de par leur tradition, à négocier

● Vie professionnelle et chômage

directement avec le patronat, ceci étant encore considéré comme une collaboration avec «l'ennemi de classe». C'est pourquoi l'action directe, la grève, est très souvent employée en France, pour faire connaître ses revendications. De ce fait, l'État Français joue souvent le rôle d'intermédiaire, voire d'arbitre dans les conflits sociaux (Par exemple, la création du SMIC relève d'une décision prise par l'État et a un caractère de loi). L'État Français y gagne en influence et pouvoir, les syndicats y perdent en autonomie. L'État Français a plus de pouvoir que l'État Allemand dans ce domaine.

Vocabulaire de base

Le monde du travail

le métier:	est plus manuel (Handwerk)
la profession:	est un terme plus général (Beruf)
l'emploi (m):	le poste de travail (Arbeitsstelle)
l'employé, e :	le salarié (Angestellte/r)
le boulot:	le travail (familier)
le job:	le petit boulot
le travail à temps partiel:	le travail à mi-temps (Teilzeitarbeit)
le travail clandestin:	le travail au noir (Schwarzarbeit)
la vie active:	la vie professionelle (Berufsleben)
l'insertion professionelle:	l'entrée dans la vie active (Eingliederung in das Berufsleben)
se faire embaucher:	trouver du travail (sich einstellen lassen)
le salaire:	argent gagné en travaillant (Gehalt)
le revenu:	le salaire et tout l'argent dont on dispose (Einkommen)
le SMIC:	le **s**alaire **m**inimun **i**nterprofessionnel de **c**roissance. Il est d'environ 6200F par mois en 1992. Un patron n'a pas le droit de payer moins ses employés (gesetzlich festgelegter Mindestlohn).

Le chômage

le / la chômeur, se:	personne sans emploi (Arbeitsloser)
être au chômage:	ne pas avoir d'emploi (arbeitslos sein)
le chômeur de longue durée:	personne sans travail depuis plus d'un an (Langzeitarbeitsloser)
le taux de chômage:	le chômage en % (Arbeitslosenquote)
une allocation:	une aide financière (finanzielle Unterstützung)
l'allocation chômage (f):	aide de l'État aux chômeurs (Arbeitslosengeld)
le marché de l'emploi:	Arbeitsmarkt
le manque d'emploi:	l'absence de … (Mangel an Arbeitsplätzen)
l'ANPE:	l'Agence nationale pour l'emploi (Arbeitsamt) aide les

CES	chômeurs à trouver du travail ou un stage de qualification. **Contrat emploi solidarité,** stage de travail en entreprise proposé par les communes aux chômeurs de longue durée en vue d´une réinsertion professionnelle. Peu payé: environ 2500F par mois en 1995.
les contrats de qualification et l´alternance:	stage en entreprise et à l´école qui donne une qualification professionnelle supplémentaire et un diplôme. Ils sont mieux rémunérés que les précédents, environ 30% à 75% du SMIC.

Diese Maßnahmen sollen die (Wieder)eingliederung in das Berufsleben erleichtern.

Texte 8 — Jeunesse en Révolte

Ce texte relate l'évolution du changement de mentalité de la jeunesse depuis 1960. L'attitude de la majorité des jeunes en 1994 est diamétralement opposée à celle de la génération précédente. Les jeunes dans leur ensemble ne désirent pas révolutionner la société, mais s'y intégrer.

La formidable mobilisation des jeunes contre le contrat d'insertion professionnelle (CIP) de mars dernier a conduit certains à faire le parallèle avec Mai 68. Dans les deux cas, il s'agit bien de révoltes, mais la comparaison s'arrête là. Pourquoi? Parce que nous sommes en face de deux mouvements de nature très différente.

5   **Accéder à la consommation**
La source de Mai 68, c'était la contestation d'une société *vouée* à la consommation. On sortait d'une société de *pénurie* pour une société d'abondance. Pendant des siècles, la grande majorité des populations avait consacré sa vie et ses ressources aux premières nécessités: se nourrir, se loger, se vêtir […] Même si ces *pénuries* s'étaient atténuées au XIXe et surtout
10   XXe siècle, jusqu'à la Seconde Guerre mondiale, le souci du lendemain, du pain quotidien, demeurait une préoccupation majoritaire dans notre pays.

À partir de 1945, tout cela a été bouleversé en quelques années. La croissance a permis aux Français de ne plus consacrer leur budget à ces seuls besoins élémentaires, mais d'avoir accès à certaines formes de bien-être.

15   Cette entrée dans la société de consommation a engendré une remise en cause des règles qui encadraient l'ancienne société. Notamment de la part des jeunes, qui représentaient plus de 30% de la population au début des années 60.

Tous ne pensaient pas la même chose, loin de là. À côté d'une minorité très politisée, dite „*gauchiste*", qui rêvait d'une société plus égalitaire, il y avait la masse de ceux qui craignaient simplement de ne pas avoir accès à la consommation, faute de pouvoir accéder par exemple à l'université. Mais tous avaient un point commun: le refus du monde que leur proposaient les adultes. Le mouvement de 68 aspirait donc à un „progrès social", que la situation matérielle du pays et des individus favorisait.

S'intégrer à la société

Le mouvement anti-CIP est de nature très différente. Les jeunes ne refusent pas la société telle qu'elle est, ils craignent de ne pas pouvoir s'y intégrer. Aujourd'hui, la croissance est terminée depuis une vingtaine d'années. La crise économique entraîne *l'exclusion*, le chômage touche particulièrement les moins de 25 ans. On revient à une situation antérieure à la Seconde Guerre mondiale, mais avec des populations dont la mentalité a été modelée par la société de consommation.

Pour des jeunes dont l'idéal est de consommer, le fait de se voir proposer un revenu qui leur permet tout juste de ne pas mourir de faim apparaît évidemment insupportable. C'est un retour à des périodes qu'ils n'ont pas connues, si ce n'est à travers les livres d'histoire. […]

Le défi est clair: nos responsables politiques doivent prendre conscience qu'on ne peut admettre que les entreprises fassent de gros bénéfices tout en continuant à supprimer des emplois. Il y a là un danger considérable d'explosion sociale. Avec sans doute de nouvelles révoltes de la jeunesse.

(Serge Berstein, Les Clés de l'Actualité, Juin 1994)

VOCABULAIRE

voué à: consacré à (gewidmet) – ***la pénurie:*** la pauvreté (Mangel an) – ***gauchiste:*** de gauche (linksorientiert) – ***le mouvement anti-CIP:*** manifestation étudiante du printemps 1994 contre les mesures d'insertion professionnelle proposées par le gouvernement. ***CIP =*** contrat d'insertion professionelle. Les jeunes se sentaient matériellement exploités par ces contrats (salaires très bas) et devenaient, s'ils acceptaient, des concurrents déloyaux, car trop bon marché, pour les chômeurs. – ***l'exclusion (f):*** le rejet, l'élimination (Ausgrenzung)

Question Générale

Quel est le thème principal de ce texte?

A : Le chômage des jeunes?

B : Les revendications des jeunes de 1968 à nos jours?

C : Une comparaison des idéaux et des révoltes des jeunes de 1968 à nos jours?

L'ÉCOLE ET APRÈS?

Commentaire Lexical et Grammatical

1. *Trouvez le verbe correspondant:*
la mobilisation, l'insertion, la révolte, le mouvement, l'abondance, le souci, la croissance, l'accès, le refus, l'exclusion, l'entreprise, l'explosion

2. L. 9: *Remplacez:* même si ... *et refaites la phrase.*

3. L. 15/16: *Mettez au passif:* «Cette entrée ... société»

4. L. 21/22: «Mais tous avaient un point commun: le refus ... adultes». *Reliez les deux membres de phrases par un pronom relatif.*

5. L. 31: *Remplacez la relative (Relativsatz) par une participiale (Partizipialsatz).*

6. L. 36: «que les entreprises fassent ...» *De quel temps et mode s'agit-il? Pourquoi?*

Commentaire de Texte

1. *Quels étaient les soucis majeurs des Français jusqu'à la fin du siècle dernier?*

2. *Quand cette situation a-t-elle commencé à évoluer?*

3. L. 6/7 et L. 15-23: *Résumez l'analyse de Mai 68 proposée par le texte.*

4. L. 25-34: *Quelle est la nature du mouvement anti-CIP, et en quoi est-il différent de la révolte de mai 68?*

Question de Réflexion

1. *Êtes-vous d'accord avec l'auteur au sujet de son analyse des idéaux de la jeunesse actuelle, les idéalistes vous semblent-ils en minorité?*

● Vie professionnelle et chômage

Travailler pour vivre,
2 témoignages

Texte 9

Le texte suivant est composé de deux brefs témoignages dans lesquels deux jeunes parlent de leurs expériences et de leurs vies marquées par l'insécurité matérielle.

Ils ont 20 ans, plus ou moins. Leur famille, éloignée ou en difficulté, ne représente pas une sécurité pour eux. Ces jeunes en situation d'emploi *précaire* vivent pour la plupart dans l'angoisse du lendemain. Dans leur cas, les modes de consommation se réduisent au minimum vital. Grégory travaille à temps partiel sous contrat de qualification. Il reçoit 2 600 francs par mois et reverse 1 000 francs à ses parents sans revenus. Quand il a payé pour la nourriture, le logement, les transports, il lui reste 200 francs. Une maigre somme qui doit couvrir tous ses frais: habillement, hygiène … Il a même arrêté de fumer, trop cher. Grégory a la sensation de vivre *sans filet*. L'image des exclus, des SDF *hante* ses perspectives d'avenir.

Il n'est pas le seul à matérialiser ainsi ses peurs. Jean-Yves, fraîchement débarqué d'un département d'outre-mer, touche une allocation formation, qui, craint-il, pourrait être interrompue du jour au lendemain. Un revenu qui ne lui laisse pas de marge pour économiser un billet de retour.

À l'âge où certains sortent *avec réticence* de leur confortable adolescence, ces jeunes gens affrontent de dures réalités. À l'âge des grosses peines de cœur, ils avouent que les soucis d'argent dominent toutes les autres préoccupations. Le mot de la fin sera pour Jean-Yves, qui résume le problème par une pirouette: «Il n'y a pas que l'argent dans la vie. Mais voilà, pour obtenir les autres choses, il faut payer!»

(*Les Clés de l'actualité*, Janvier/Février 1995)

VOCABULAIRE

précaire: incertain, peu sûr (unsicher) – ***sans filet:*** allusion au filet des acrobates de cirque (ohne Netz – ohne Absicherung) – ***hanter:*** visiter obsessionellement (verfolgen) – ***avec réticence:*** sans grand enthousiasme (unwillig)

Thèmes de Réflexion

1. *Gregory.* Il a «la sensation de vivre sans filet». *Que veut-il exprimer par cette phrase? Avez-vous des amis dans une situation semblable? Parlez de leurs problèmes.* «Il n'y a pas que l'argent dans la vie. Mais voilà pour obtenir les autres choses, il faut payer!» *Commentez! Puis donnez votre avis personnel.*

2. *Jean-Yves.* Dans sa vie, «Les soucis d'argent dominent toutes les autres préoccupations». *Quels faits de sa biographie expliquent ce pessimisme?*

LES FRANÇAIS ET LA RELIGION

A ▶ Les Français et la Religion

EN BREF

Le *Christianisme* constitue malgré la montée de *l'Islam* (9% de la population) et une grande communauté *juive* (0,5% de la population) la religion de 80% des Français.

Mais uniquement 30% des Français chrétiens (*catholiques* et *protestants*) se déclarent pratiquants.

On assiste donc à un désintérêt à l'égard des cultes. 16% des Français se disent sans religion. Cette *crise de la foi* n'est pas propre à la France, l'église éprouve de grandes difficultés à s'adapter à la société moderne. Certains pères de l'église s'interrogent sur le rôle de celle-ci et la place de la spiritualité à l'intérieur de notre société. Ils cherchent des solutions pour que l'église et les valeurs chrétiennes retrouvent une place dans la vie quotidienne.

On constate que, si l'église a de moins en moins d'adeptes, ceux-ci sont de plus en plus actifs et engagés, voire même militants.

Vocabulaire de base

Religion

les religions institutionnelles en France:	die offiziellen Religionen in Frankreich
le Catholicisime:	53% des Français sont catholiques non pratiquants, 20% des Français sont catholiques pratiquants.
l'Islam:	C'est la deuxième grande religion en France. 2 500 000 personnes, soit 9% de la population.
le Protestantisme:	1500 000 personnes sont protestantes, soit 2% de la population.
le Judaïsme:	en essor depuis 1960. Il représente 0,5% de la population.
l'athéisme (m):	16% des Français se déclarent athées.
la croyance:	la conviction religieuse (das Glaubensbekenntnis)
la foi:	la spiritualité, la ferveur religieuse (der Glaube)
l'adepte (m, f):	le croyant (der Anhänger, der Gläubige)

● Les croyances des Français

A

la vocation religieuse:	la voie religieuse (der religiöse Weg)
prier:	invoquer Dieu (beten)
la prière:	das Gebet
le péché:	la faute grave, le sacrilège (die Sünde)
les vertus chrétiennes:	les valeurs chrétiennes (die christlichen Tugenden)
la charité:	le don généreux (die Wohltätigkeit, die Nächstenliebe)
la communauté religieuse:	l'ensemble des adeptes (die Religionsgemeinschaft)

Les croyances des Français
Texte 10

Aucun *sondage* sur les croyances religieuses des Français n'avait été réalisé depuis huit ans. C'est chose faite. Les grandes religions *régressent*, au profit des superstitions.

Deux sondages viennent d'être réalisés, coup sur coup, l'un par le quotidien Le Monde [...], et l'autre par le quotidien *La Croix* [...], analysant les «croyances religieuses des Français». Leurs résultats sont d'autant plus intéressants qu'aucune étude comparable n'avait été effectuée depuis 1986.

Moins de *pratiquants*
Surprise, les *religions traditionnelles* (chrétiens, musulmans, etc.) sont en net recul: 89% des personnes interrogées pensent «qu'il n'est pas nécessaire d'avoir une religion pour bien se conduire». Une affirmation encore plus forte chez les 18-24 ans (92%). Et 23% se disent sans religion contre 15,5% en 1986 ... Par ailleurs, 64% s'avouent encore catholiques, contre 81% il y a 8 ans. Cette érosion est encore plus nette chez les 18-24 ans: 13% se disent aujourd'hui croyants convaincus contre 30% il y a 8 ans, et 27% se disent incroyants. Mais la perte de vitesse des religions institutionnelles n'implique pas une baisse des croyances, puisque 71% disent qu'ils n'en «ont pas fini avec la foi».

Si l'on en croit les chiffres, ce sont les moins de 24 ans qui sont les meilleurs clients des parasciences! Ce sont eux qui croient le moins au *péché*, mais le plus au démon; le moins en Dieu mais le plus en la réincarnation, à l'astrologie, aux *envoûtements*, aux extra-terrestres, aux tables tournantes... Et si ce n'étaient les tarifs *prohibitifs* pratiqués par les *voyants*, les 18-24 ans seraient les principaux clients des officines de prédiction.

Côté morale, 58% des Français pensent que l'origine du «mal» vient d'abord de la société et de ses injustices (4% pensent que le «Diable» en est la cause). Les Français sont également plus indulgents envers les actes *relevant* de choix moraux (avortement, concubinage, infidélité...) qu'envers les atteintes à l'ordre social (*fraude fiscale*, vol, excès de vitesse ...).

4 LES FRANÇAIS ET LA RELIGION

(Les Clés de l'actualités, Juin '94)

VOCABULAIRE

le sondage, faire un sondage, sonder: chercher à connaître les comportements, les opinions d'un groupe de personnes représentatives de l'ensemble de la population (eine Meinungsumfrage durchführen) – ***régresser:*** reculer, diminuer (zurückgehen) – ***La Croix:*** journal catholique („Das Kreuz", katholische Zeitung) – ***le pratiquant:*** personne croyante active (qui va à la messe régulièrement) (strenggläubig) – ***les religions institutionnelles en France*** (→ vocabulaire de base) – ***le péché:*** la faute grave d'un point de vue religieux (die Sünde) – ***un envoûtement:*** un ensorcellement, un sortilège (das Verhexen) – ***prohibitif:*** excessif, trop élevé (zu teuer) – ***le voyant:*** le visionnaire, le prophète, ici: personne qui prédit l'avenir (der Seher, Wahrsager) – ***côté morale:*** (familier) au sujet de la morale (in punkto Moral) – ***relevant de:*** le résultat de (abhängen von) – ***la fraude fiscale:*** mensonge pour ne pas payer d'impôts (die Steuerhinterziehung)

Vocabulaire des Statistiques

L'I.N.S.E.E. l'Institut national de la statistique et des études économiques. Il fait des recherches dans tous les domaines.

faire des statistiques	
statistiquement, en matière de statistique	
déchiffrer des statistiques:	interpréter des statistiques (Statistiken auswerten)
0%, personne:	niemand, keiner
1% à 10%, peu de gens, une minorité:	eine Minderheit
22% à 28%, le quart de la population:	ein Viertel …
50%, la moitié de la population:	die Hälfte …
60%, une bonne majorité de la population:	eine gute Mehrheit
70% à 80%, les trois quarts de la …:	drei Viertel …
98%, la quasi-totalité de…:	fast die gesamte Anzahl
100%, toute la population; l'unanimité (f):	die Gesamtheit; die Einstimmigkeit
en hausse:	qui monte (steigend)
en baisse:	qui descend (fallend)

- Les croyances des Français

Question Générale

Vrai ou faux? ... d'après le texte.

A : Les jeunes ne s'intéressent plus aux religions institutionnelles.
B : Les jeunes ne s'intéressent plus au problème de la foi.
C : Les parasciences prennent la place des religions chez les jeunes.

Commentaire Lexical et Grammatical

1. *Trouvez un synonyme ou une expression équivalente:*
   L. 1: réalisé; L. 2: c'est chose faite; L. 2: au profit de; L. 3: coup sur coup; L. 12: l'érosion; L. 13/14: la perte de vitesse; L. 15: ils n'en ont pas fini avec la foi.

2. *Trouvez le substantif correspondant avec l'article défini:*
   traditionnel, nécessaire, conduire, avouer, convaincre, prohibitif, indulgent.

3. L. 5: leurs résultats sont d'autant plus intéressants que ... *sur ce modèle, faites 2 phrases avec:* d'autant plus (adjectif) que ... *et 2 phrases avec:* d'autant moins (adjectif) que ...

4. L. 19: Si ce n'étaient les tarifs prohibitifs ... les 18-24 ans seraient ... de prédiction.
   Faites 2 phrases:
   1. sur la condition réelle (erfüllbare Bedingung)
   2. sur la condition irréelle (nicht erfüllbare Bedingung)
   3. sur la condition non réalisée (nicht erfüllte Bedingung)

Commentaire de Texte

1. L. 8-15: Faites un **tableau** avec les chiffres donnés pour rendre ces statistiques plus lisibles. Tirez-en des conclusions sur l'état religieux de la France en 1992 et sur son évolution.

2. L. 16-19: *Qu'est-ce qui attire les jeunes?*

3. L. 21/22: *Quelle est la position des Français vis-à-vis du «mal»?*

4. L. 22-24: *Par quoi les Français sont-ils le plus choqués?*

Questions de Réflexion

1. *Pensez-vous que l'évolution religieuse soit semblable dans votre pays?*

2. *La régression de l'influence des grandes religions représente-t-elle, selon vous, un danger pour la société?*

3. *Quelles mesures devraient prendre les Églises pour rétablir leur influence?*

● Les partis politiques

POLITIQUE

5

A ▶ Les partis politiques

Il existe deux grandes familles politiques: la droite et la gauche.

Les partis de gauche:
– le Parti socialiste (PS)
– le Parti communiste (PC)
– Le Mouvement des radicaux de gauche (MRG)

Les partis de droite:
– L'Union pour la démocratie (UDF)
– Le Rassemblement pour la République (RPR) créé par Jacques Chirac dans la tradition du général de Gaulle.
– Le Front national (FN), mouvement d'extrême droite, dirigé par J.M. Le Pen.

Les Verts (écologistes) veulent rester indépendants politiquement mais sont plutôt réformistes.

Les syndicats (voir aussi chapitre 3): Il en existe trois grands:
La Confédération générale du travail (CGT)
Force ouvrière (FO)
La Confédération française démocratique du travail (CFDT).
Environ 10% des salariés sont syndiqués. Les syndicats ont une influence politique indirecte. Ils prennent souvent position sur des questions non-professionnelles: transport, santé, logement.

Les institutions politiques

1 **Le pouvoir exécutif:**
   – *Le Président de la République:* Il est élu pour 7 ans au suffrage universel. Il choisit les grandes orientations politiques et économiques du pays. Il nomme le Premier Ministre.
   – *Le Gouvernement:* Il est formé par le Premier Ministre et composé de ministres et de secrétaires d'Etat.
   – *L'Administration:* La France possède un nombre très important de fonctionnaires.

2   **Le pouvoir législatif:**
    – *L'Assemblée nationale:* Les députés votent les lois proposées par le gouvernement. Ils peuvent également proposer des lois.
    – *Le Sénat:* Les sénateurs contrôlent les lois une deuxième fois.

3   **Les pouvoirs régionaux:**
    La France est divisée en *22 régions* administrées par des conseillers régionaux élus au suffrage universel.

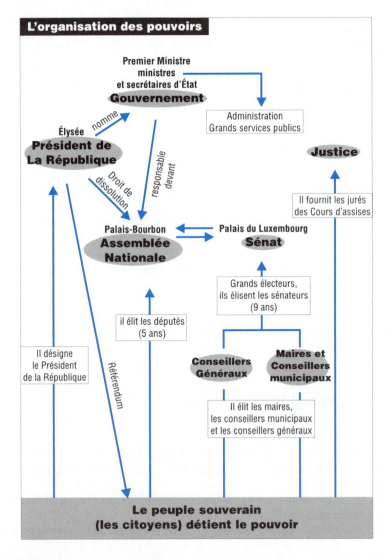

● Les partis politiques

Décentralisation et Régionalisation

Décentralisation
Longtemps, l'État français a bénéficié d'un pouvoir écrasant, toute décision importante étant prise à Paris, même en ce qui concernait un problème local à l'autre bout de la France. La croissance démographique (l'augmentation de la population) et l'essor économique ont entraîné des problèmes de plus en plus nombreux et complexes. La machine administrative centrale est devenue trop lourde.

En 1982 une loi de décentralisation a été votée. Une partie du pouvoir détenu par l'État a été transférée aux régions et aux communes. Celles-ci assurent maintenant leur propre administration. Le maire et son conseil municipal (Gemeinderat, Stadtrat) fixent par exemple librement le budget de la commune. Mais la décentralisation ne signifie pas rupture complète avec l'État qui continue à attribuer des subventions (Zuschuss) et en contrôle l'utilisation.

Régionalisation
La France comporte 22 régions (voir carte). Chaque région est administrée par un conseil régional qui comporte un président et des conseillers élus au suffrage universel (in direkter Wahl gewählt). Ce conseil est chargé de promouvoir le développement économique, social, culturel et scientifique de la région.

POLITIQUE

Vocabulaire de base

Politique

le gouvernement:	Regierung
le pouvoir:	Macht
le pouvoir législatif:	gesetzgebende Gewalt
le pouvoir exécutif:	ausführende Gewalt
diriger le gouvernement	
être au pouvoir / être à la tête du gouvernement, d'un parti.	
prendre / quitter le pouvoir:	an die Macht gelangen / zurücktreten
voter:	wählen gehen
élire quelqu'un:	jemanden wählen
être élu au suffrage universel:	être élu directement par les citoyens
le dirigeant:	le chef
le député:	Abgeordnete
le sénateur	
le conseil régional:	entspricht etwa Kreisrat
le / la fonctionnaire:	Beamter / Beamtin
la loi:	Gesetz
l'administration (f):	Behörde
l'institution (f):	staatliche Einrichtung

Texte 11

Au premier plan de l'actualité politique: trois questions importantes

Parmi les polémiques politiques qui opposent les Français, trois questions importantes sont régulièrement au premier plan de l'actualité: la construction européenne, la crise de «l'État providence», l'immigration.

La question de l'Europe

La nécessité de la construction européenne n'a pas totalement convaincu les Français. Aucun parti politique ne s'y oppose directement, mais plusieurs leaders dénoncent régulièrement les risques de perte de souveraineté nationale ou encore la bureaucratie européenne.

Lors du référendum du 20 septembre 1993, les électeurs français n'ont *ratifié* les accords de Maastricht qu'à une très faible majorité (51% des suffrages).

Or, d'ici la fin du siècle, un choix politique fondamental va se poser à l'ensemble des pays membres de la Communauté européenne et donc à la France: ou bien construire une Europe politique de type fédéral ou bien se contenter d'une Europe économique, constituée d'une *juxtaposition* d'États.

La décision finale sera difficile à prendre pour les Français qui sont traditionnellement individualistes et jaloux de leur indépendance.

La crise du service public
Les grands services publics connaissent une crise depuis plusieurs années. L'État rencontre un grave problème de financement des dépenses de santé, de retraite et de chômage. Celles-ci augmentent chaque année plus rapidement que le produit intérieur brut (c'est-à-dire les richesses produites par le pays). Pour régler ces difficultés, certains hommes politiques, généralement de droite, pensent qu'il faut abandonner les solutions de «l'État providence» (l'État qui prend tout en charge). Ils proposent d'appliquer une politique libérale, limitant la prise en charge par l'État des dépenses de sécurité sociale, et développant les recours aux assurances ou aux *mutuelles* personnelles et privées.

Les syndicats et les partis de gauche sont en général opposés à de telles solutions et veulent défendre ce qu'ils considèrent comme des *acquis* sociaux. L'opinion publique est partagée.

L'immigration
Ce problème divise régulièrement la classe politique française. L'opposition droite-gauche garde ici sa signification. Tous les partis sont favorables à une limitation stricte de l'immigration et à un contrôle sévère des frontières, mais ils s'opposent sur les moyens à utiliser. D'une façon générale, les partis de droite sont partisans du renvoi dans leur pays d'origine des émigrés clandestins ou en situation irrégulière et de l'utilisation de *procédures* rapides. Les partis de gauche insistent, eux, sur le respect des Droits de l'Homme et les garanties *judiciaires*.

Le problème de l'immigration entraîne, surtout en période électorale, des polémiques passionnées. Les sentiments *xénophobes*, voire racistes, d'une partie de la population sont régulièrement utilisés à des fins électorales, notamment par l'extrême droite.

On retrouve la même opposition à propos des questions d'attribution de la nationalité française et du *droit d'asile*. L'*enjeu* est fondamental. En définitive, les débats sur l'immigration ou la nationalité posent la question de la nature exacte de la nation française. En effet, la France a depuis longtemps la réputation d'être une terre d'accueil. L'intégration des dernières vagues d'immigrants semble plus difficile que par le passé.

La classe politique française fait face aujourd'hui à ces problèmes importants. Saura-t-elle réagir et répondre aux *aspirations* nouvelles et parfois contradictoires des Français? Ceux-ci sauront-ils oublier leurs *querelles* et préparer l'avenir?

En trente-quatre ans d'existence, la souplesse et l'équilibre des institutions de la Ve République ont permis aux Français de surmonter plusieurs crises. Les Français sont bien connus pour leur nature *querelleuse*. Ce trait de caractère a historiquement marqué la vie politique nationale. Après tout, le manque de goût des Français pour le *consensus* est peut-être un signe de vitalité et de bonne santé politique.

(Antoine Adeline, La vie politique française, 1994)

VOCABULAIRE

ratifier: signer (unterzeichnen) – ***la juxtaposition:*** Nebeneinanderstellen – ***la mutuelle:*** assurance-maladie privée (private Krankenversicherung) – ***l'acquis (m):*** ce qu'on a gagné après une lutte (Errungenschaft) – ***la procédure:*** Verfahren – ***les garanties judiciaires:*** Rechtsschutz – ***xénophobe:*** fremdenfeindlich – ***le droit d'asile:*** Asylrecht – ***l'enjeu (m):*** Einsatz – ***l'aspiration (f):*** le désir (Wunsch) – ***la querelle:*** Streit, Zank – ***le consensus:*** Übereinstimmung

Question Générale

Vrai (v) ou faux (f)?

☐ Les Français sont absolument convaincus de la nécessité de la construction de l'Europe.

☐ Ou bien l'Europe deviendra une fédération ou bien elle ne se fera pas.

☐ Les dépenses de santé, retraite, chômage sont de plus en plus lourdes. Dans l'avenir, on envisage de réduire les prises en charge de la Sécurité sociale.

☐ Seule la droite est favorable à la limitation stricte de l'immigration.

Commentaire Lexical et Grammatical

1 *Cherchez des synonymes:*
L. 8: lors; L. 10: d'ici; L. 11/12: Ou bien, ou bien; L. 36: voire; L. 37: à des fins; L. 49: après tout

2 *Expliquez les différences:*
L. 31/32: des immigrés clandestins – en situation irrégulière; L. 36: xénophobe – raciste

3 L. 26: «Des acquis sociaux.» *Expliquez.*

● Les partis politiques

4   Transformez ces phrases en questions. Donnez pour chaque phrase les 3 formes possibles en précisant quelle est la meilleure.
    – «Ce problème divise la classe politique.»
    – «Ils proposent d'appliquer une politique libérale.»

5   L. 17-26: Mettez ce passage au passé simple. Attention à la concordance des temps!

Commentaire de Texte

1   Quelle est l'attitude générale des Français vis à vis de la Communauté européenne?

2   Quelles sont les orientations possibles de l'Europe?

3   Pourquoi la situation des grands services publiques s'aggrave-t-elle de plus en plus?

4   Quelles solutions envisage-t-on?

5   Concernant l'immigration, qu'est-ce qui unit et oppose les partis de droite et de gauche?

6   On ignore encore si la classe politique sera capable de résoudre ces 3 problèmes. L'auteur se montre-t-il plutôt optimiste ou pessimiste? Quels sont ses arguments? (L. 43-50)

Question de Réflexion

1   Un observateur de la vie politique française a dit: «Les Français ont le cœur à gauche et le portefeuille (Geldbeutel) à droite». Commentez cette formule.

MÉDIAS

EN BREF

A ▶ La Radio

Ecoutées quotidiennement par 80% des Français, les radios ont considérablement évolué depuis le début des années 80.
- Radio France, société nationale, comporte *5 chaînes* plus une chaîne internationale indépendante.
- Il existe également une cinquantaine de *radios locales* ainsi que quelques postes périphériques installés aux frontières (Radio-Télé Luxembourg, Europe 1 par exemple).
- Depuis 1982, la loi a permis la création de *radios privées locales*. Elles sont environ 2 000 et connaissent un grand succès.

Il est à noter qu'à partir de 1996, 60% des chansons diffusées sur les ondes hertziennes doivent être obligatoirement des chansons françaises.

B ▶ La Télévision

95% des ménages possèdent un poste. Il existe *6 grandes chaînes de télévision* diffusées par voie hertzienne: 3 sont publiques: *France 2, France 3, Arte*.
3 sont privées: *TF1, Canal plus et M6*. Comme la radio, la télévision a perdu son monopole d'état en 1982 (après l'arrivée des socialistes au pouvoir).

Comme en Allemagne, il existe un programme de *chaînes câblées*, mais l'exploitation du câble a pris du retard et dix fois plus d'Allemands que de Français le possèdent. En matière de programme éducatif, la France est également en retard: Les Allemands diffusent 2 000 heures de programmes éducatifs par an, contre 500 en France.

C ▶ La Presse

La presse tient une place importante dans la vie culturelle et politique du pays. Les Français lisent 8 milliards de journaux et de périodiques chaque année. Si la lecture des quotidiens a baissé de deux tiers depuis la dernière guerre mondiale, la presse de province s'est déve-

● La base   A

loppée et surtout les magazines périodiques connaissent un très grand succès. Les plus grands quotidiens parisiens sont (1993): *Le Figaro (400 000), Le Monde (360 000), Le Parisien (420 000), France-Soir (220 000), Libération (175 000)*. Il y a aujourd'hui 4 grands magazines d'actualité hebdomadaires: *L'Express, Le Nouvel Observateur, Le Point, L'Évènement du Jeudi*. 1 million et demi d'exemplaires sont vendus chaque année. La presse périodique spécialisée (par exemple les magazines féminins) et professionnelle (agriculture, informatique …) est également en plein essor. La France est dans le monde le pays qui compte le plus de magazines.

Durée de pratique quotidienne des grands Médias (1991, en %)					
Pays	Télévision	Radio	Quotidien	Magazine	Temps total (minute)
France	61	31	4	4	304
Allemagne	46	38	11	5	419

Vocabulaire de base

La radio

l'auditeur/trice:	celui / celle qui écoute (Zuhörer)
les ondes (f):	Wellen
l'antenne (f):	la diffusion, diffuser (senden)
l'émission (f):	Sendung
la station:	RTL ou Europe 1 par exemple (Sender)
le récepteur à transistors:	le poste de radio à piles (Transistorradio)

La télévision

le / la téléspectateur / trice	
la chaîne:	Sender
le programme:	l'émission (f), le reportage, le documentaire, les actualités télévisées / le journal télévisé / les informations
le / la présentateur / trice:	celui / celle qui présente l'émission (Moderator)
la production	
le câble	
le poste de télévision	

6

MÉDIAS

	le téléviseur, le petit écran:	Bildschirm
	le spot publicitaire:	Werbespot

La presse

le / la lecteur / trice:	Leser/in
le journal	
le magazine, la revue	
quotidien:	paraît tous les jours (täglich)
hebdomadaire:	paraît une fois par semaine (wöchentlich)
mensuel:	une fois par mois
l'abonné (m):	Abonnent
l'abonnement (m):	s'abonner, être abonné
le titre:	le nom du journal
l'article (m)	
la rubrique	
l'annonce (f):	Anzeige
l'annonceur:	celui qui fait de la publicité
paraître (paru)	
la parution:	Erscheinen

A  La Radio

Texte 12

Radio: Partir des informations

La radio demeure, malgré l'attrait (Attraktivität) des images télévisées, le média le plus populaire. Quel usage les auditeurs en font-ils vraiment?

[Un récent sondage] montre qu'en région parisienne, France Info est maintenant la station la plus écoutée. Dans les pays développés, contrairement à la presse écrite et dans une moindre mesure à l'information télévisée, l'information radio vient à nous, très souvent sans qu'il y ait *démarche* volontaire de l'auditeur: à la maison, en voiture, sur le lieu de travail, en s'endormant ou/et au réveil, la radio fonctionne. Elle constitue le fond sonore qui *trompe* la solitude, elle fait entrer le monde extérieur dans notre univers personnel, où que nous soyons et quoi que nous fassions.

Et ce *flot* continuel de paroles et de musiques est interrompu de temps en temps par un flash d'informations dont l'auditeur s'aperçoit sans l'avoir choisi.

● La radio

Dans de nombreux pays en voie de développement où la tradition orale est de règle et où, d'une part, *l'illettrisme* limite l'accès à l'information écrite et où, d'autre part, les conditions économiques ne permettent pas l'accès à l'information télévisée, la radio est le média privilégié. Le paysan nord-africain sur son *âne*, l'ouvrier agricole dans les plantations de café en Afrique noire, *l'infirmier* dans son *dispensaire* (sans électricité) du Bangladesh, tous possèdent leur récepteur à transistors et écoutent la radio.

Contrairement à une idée largement répandue, en France, les adolescents – et plus généralement les jeunes – passent chaque jour plus de temps avec la radio qu'avec la télévision.

Or, parce que le monde enseignant est par formation constitué de «gens d'écrit» et parce que la télévision, par sa présence et son impact, fascine et inquiète à la fois, l'étude et la production d'informations dans le système éducatif portent presque exclusivement sur les médias écrits et télévisuels.

Pourtant, pour les raisons *énoncées* ci-dessus, la radio *mérite* d'être *prise en compte* dans un programme d'éducation aux médias et, plus précisément, aux médias d'information. La facilité d'accès à l'information radio, d'une part, la légèreté du *dispositif technique*, d'autre part, rendent son étude *aisée*.

(Le Français dans le monde, n° 256, Avril 1993)

VOCABULAIRE

la démarche: l'action pour obtenir quelque chose – *tromper (la solitude):* masquer, faire oublier (täuschen, überlisten) – *le flot:* la grande quantité, la masse (Flut, Fülle) – *l'illettrisme:* le fait de ne pas savoir lire (Analphabetentum) – *l'âne:* Esel – *l'infirmier:* Krankenpfleger – *le dispensaire:* Krankenstation – *énoncer:* dire, citer plusieurs faits – *mériter:* avoir droit à (verdienen) – *prendre en compte:* inclure (einschließen) – *le dispositif technique:* (technische Anlage) – *aisé:* facile (einfach)

Question Générale

Quel est le sujet exact du texte?

A : Grâce à la radio, les auditeurs sont bien informés sur ce qui se passe dans le monde.
B : On continue à beaucoup écouter la radio, car un poste à transistors est pratique et peu cher. Mais il faudrait apprendre aux jeunes, dans le cadre scolaire, à s'en servir comme véritable outil d'information et d'instruction.
C : La radio est le média le plus populaire mais le moins instructif, car on l'écoute rarement de façon active. Les professeurs encouragent les élèves à regarder certaines émissions de télévision, ou surtout, à lire les journaux.

Commentaire Lexical et Grammatical

1. L. 11: L'information vers laquelle l'auditeur n'a que <u>rarement</u> choisi d'aller. *Citez les adverbes de temps que vous connaissez, classés entre <u>jamais</u> et <u>toujours</u>.*

2. L. 8/9: «Où que nous soyons et quoi que nous fassions»
   – *Traduisez en allemand.*
   – *Exprimez autrement en commençant la phrase par «peu importe».*

3. L. 5/6: «sans qu'il y ait démarche volontaire». *Remplacez toute l'expression par un simple adverbe.*

4. *Exprimez autrement:*
   L.11/12: «L'information vers laquelle l'auditeur a rarement choisi d'aller».

5. *Exemple:* Elle *fait* entrer le monde extérieur dans notre univers personnel.
   Faire ou laisser?
   Elle se … couper les cheveux. – Il se … voler son portefeuille. – Son enfant veut absolument sortir. La mère le … sortir. – Son enfant est insupportable. La mère le … sortir. – Son enfant est très mal élevé. Son père le … faire tout ce qu'il veut.

Commentaire de Texte

1. Qu'est-ce qui différencie l'information-radio de la presse et de la télévision dans les pays développés?

2. La situation est-elle la même dans les pays en voie de développement?

3. «Les jeunes passent plus de temps avec la radio qu'avec la télévision.» Pourquoi, à votre avis, l'auteur n'emploie-t-il pas le verbe «écouter», tout simplement?

4. *Pourquoi l'auteur recommande-t-il l'emploi de la radio pour ce programme ?*

Questions de Réflexion

1. «Un programme d'éducation aux médias et plus précisément aux médias d'information» L. 25: *En quoi ce programme consiste-t-il?*

2. Radio, télévision, presse écrite.
   • *Quel est le média que vous préférez?*
   • *Qu'est-ce que vous en attendez?*

B La Télévision

Arte, une chaîne bilingue

Texte 13

Il s'agit de deux textes du même auteur: Thierry Lancien. Le premier date de 1993. La chaîne Arte vient d'être créée. Elle nous est présentée. Le deuxième texte, écrit deux ans plus tard, évoque les difficultés rencontrées.

L'idée d'une chaîne culturelle franco-allemande remonte à 1988, époque à laquelle François Mitterrand et Helmut Kohl décidèrent de lancer ce projet. Il a fallu ensuite quatre ans pour faire vivre ARTE (Association relative aux télévisions européennes) dont les programmes proviennent pour moitié du pôle allemand (25% de ARD, 25% de ZDF) et pour moitié du pôle français (la Sept). La chaîne est à l'heure actuelle constituée de trois centres, une centrale à Strasbourg, chargée de la diffusion et de la programmation et deux pôles de production, la Sept à Paris et Arte Deutschland à Baden-Baden. La centrale de Strasbourg est responsable de la conception générale des programmes, de la *grille*, […] ainsi que de la production des émissions d'actualité et d'information. Les *ressources* d'Arte sont d'origine exclusivement publique.

Une programmation innovatrice

Pour servir ce projet totalement *inédit* qui […] consiste à marier deux équipes de nationalité différente *diffusant* un même programme en deux langues dans plusieurs pays […], il a fallu *concevoir* une grille de programmes originale. Celle-ci qui, comme le déclare André Harris, directeur des programmes, doit «*puiser* dans deux imaginaires et deux cultures», présente par rapport à d'autres chaînes plusieurs *innovations*. La première concerne les soirées thématiques du mardi, jeudi et dimanche. Ces soirs-là en effet, la chaîne propose de *parcourir* un thème à travers différents types de documents: fictions, reportages, documentaires, débats […] Des thèmes aussi divers que la publicité, la bande dessinée […], la vie à Liverpool ont ainsi été explorés. La deuxième innovation concerne, elle, l'information qui *repose* essentiellement sur un journal de dix minutes à 20h30 (Huit et demi) qui se veut l'anti-«*grand-messe*» du 20h sur TF1 ou France 2, et propose des informations en images sans *présentateur*. De son côté, le magazine *hebdomadaire* «Transit» permet de croiser les points de vue de téléspectateurs allemands et français autour d'un thème de société et de l'actualité de la semaine. […]

(Thierry Lancien, Le Français dans le monde, Janvier 1993)

Arte et le biculturalisme

[…] *L'approche* européenne de l'information télévisée pose-t-elle de graves problèmes interculturels? La récente crise qu'a connue le magazine «Transit» peut le laisser penser. Les partenaires d'outre-Rhin de cette chaîne franco-allemande […] ont en effet trouvé que le magazine «Transit» devenait trop «franco-français» et ont demandé un changement de responsable. Mais au-delà de ce point de vue, c'est sans doute le problème du biculturalisme qui est vraiment posé. […] Sophie Rosenzweig, qui est journaliste à «Transit» et grand reporter à ARTE, a bien montré que la culture télévisuelle de chaque pays présentait de réelles différences. Elle a, par exemple, souligné combien les débuts du journal télévisé d'Arte («Huit et demi») avaient été difficiles, les Allemands attachant par exemple beaucoup plus d'importance au *son* alors que les Français sont très attentifs à la forme et à l'esthétique d'un journal télévisé. L'on sait bien, d'autre part, que le rôle du présentateur est beaucoup plus important en France qu'en Allemagne […]

Les Allemands préfèrent [de plus] l'ordre «explications plus faits», là, où les Français choisiront celui qui consiste à présenter les faits puis les explications. On comprend mieux dès lors pourquoi les commentaires des reportages ne sont pas simplement traduits mais réécrits d'une langue à l'autre.

Si les hommes de télévision veulent aussi construire cette Europe-là, il leur faudra donc accepter que ces différences, loin d'être un handicap, sont une richesse qu'il faut savoir *prendre en compte* et *gérer*.

(D'après Thierry Lancien, Le Français dans le monde, Janvier 1995)

VOCABULAIRE

la grille de programmes: Programmeinteilung – *la ressource:* la source financière (Einnahmequelle) – *inédit:* nouveau – *diffuser:* senden – *concevoir:* créer (entwerfen) – *puiser:* prendre, aller chercher (schöpfen aus) – *l'innovation (f):* création de quelque chose de nouveau – *parcourir:* faire le tour de, ici: traiter (behandeln) – *reposer sur:* s'appuyer sur (sich gründen auf, beruhen auf) – *La grand-messe:* le service religieux catholique principal du dimanche – *le / la présentateur, trice:* celui/celle qui présente une émission – *hebdomadaire:* qui est présenté une fois par semaine (wöchentlich) – *l'approche (f):* ici: la conception – *le son:* ce que l'on entend (Ton) – *prendre en compte:* berücksichtigen – *gérer:* organiser (verwalten)

Le C.L.G. et le C.T. se rapportent au premier texte. Le Q.R., au second texte.

● La télévision

Question Générale

Vrai (v) ou faux (f)?

☐ Arte existe depuis 1988.

☐ Sa centrale se trouve à Strasbourg.

☐ Arte est une chaîne privée.

☐ Arte diffuse alternativement un programme allemand et un programme français.

☐ Son journal est court et sans présentateur.

☐ Les Français et les Allemands ont une conception différente de l'information télévisée.

☐ On est maintenant obligé de présenter deux journaux séparés: l'un en alllemand et l'autre en français.

Commentaire Lexical et Grammatical
(Premier texte)

1. *Trouvez des homonymes:*
   L. 4: une idée; L. 8: à l'heure actuelle; L. 12/13: exclusivement; L. 17: originale; L. 21: un thème; L. 22: divers; L. 24: essentiellement; L. 26/27: un point de vue; L. 27: une actualité

2. *Remplacez l'expression soulignée par d'autres expressions équivalentes:*
   L. 16: Il a fallu concevoir une grille de programmes originale

3. *Retrouvez les prépositions manquantes:*
   F. Mitterrand et H. Kohl décidèrent ... lancer ce projet.
   La chaîne est constituée ... trois centres, une centrale ... Strasbourg, chargée ... la diffusion.
   Ce projet consiste ... marier deux équipes ... nationalité différente.
   L'information repose ... un journal ... dix minutes.
   «Transit» permet ... croiser les points de vue des téléspectateurs allemands et français.

Commentaire de Texte
(Premier texte)

1. *Comment Arte est-elle née? (L. 4/5)*

2. *– Où se trouve la centrale d'Arte?*
   – Quel est son rôle? (L. 8/13)

3. *En quoi Arte est-elle différente des chaînes classiques? (L. 19-28)*

4. *Le journal «Huit et demi» veut être l'anti-«grand-messe» (L. 24-26): du journal de 20 heures sur une chaîne classique. Expliquez ce que l'auteur a voulu dire.*

Questions de Réflexion
(Deuxième texte)

Les Français et les Allemands ne veulent pas être informés de la même manière.

1. *Quelles sont les différences?*

2. *Comment pourrait-on expliquer ces différences?*

- L'immigration

7

A ▸ L'immigration

La France a, tout au long de son histoire, assimilé des étrangers de diverses origines. Dès le début du siècle, de nombreux Russes, Belges, Polonais, Italiens, Portugais, et Espagnols sont venus s'installer en France. En 1930, la France comptait près de 3 millions d'étrangers, en 1990, 3,6 millions (environ 6% de la population). Leur nombre a donc peu varié, mais la part des Européens s'est progressivement réduite et ce sont les habitants d'anciennes colonies comme le Maghreb (Algérie, Maroc, Tunisie), Afrique noire et Indochine, qui sont venus en grand nombre. Ce sont eux qui ont contribué à la croissance économique de la France au cours des trente dernières années.

Différents de race, de religion, de mœurs, les *Maghrébins* surtout tiennent à garder leur identité culturelle et vivent regroupés, principalement à Paris et dans le sud de la France. Leur intégration reste difficile, même pour les immigrés de la deuxième génération, nés en France (on les appelle les «Beurs»), et ils sont les premières victimes de la crise économique actuelle:
– moins qualifiés dans l'ensemble, ils sont deux fois plus touchés par le chômage que les Français,
– on les rend souvent responsables des problèmes dont souffre la société actuelle: chômage, délinquance etc…

Le parti politique d'extrême droite dirigé par Jean-Marie Le Pen, réclamant leur retour dans leur pays d'origine, prend de plus en plus d'importance. Parallèlement, un mouvement antiraciste «*SOS racisme*» a été créé et animé par Harlem Désir dans les années 80. Son slogan: «Touche pas à mon pote» (Mach' meinen Kumpel nicht an) a remporté un très grand succès, spécialement auprès des jeunes Français. Depuis les années 70, la crise économique a obligé le gouvernement à freiner l'immigration, mais un grand nombre d'étrangers a continué à venir travailler en France de façon illégale. En 1993, de nouvelles mesures très strictes ont été prises contre l'immigration clandestine, ce qui a provoqué l'indignation des habitants de certaines anciennes colonies d'Afrique noire qui se sentent délaissés par le gouvernement français (> texte 14).

7 LA FRANCE ET LE MONDE

Vocabulaire de base

L'immigration

l'immigré	
migrer, migrateur, migratoire, la migration	
l'émigration (f), l'émigré, s'émigrer	
s'exiler, l'éxilé, l'exil (m)	
clandestin, la clandestinité	heimlich, Heimlichkeit
légal, illégal, au noir	
l'arabe, le beur, le pied-noir,	
le musulman, le harki	
l'intégration (f); s'intégrer	
l'assimilation (f), s'assimiler	
la cohabitation, cohabiter:	Zusammenleben, zusammenleben
le rejet, rejeter:	Zurückweisung, zurückweisen
l'intégrisme (m); l'intégriste	
la bigamie, la polygamie:	Doppel-, Vielehe
le racisme, le raciste	
la xénophobie, le xénophobe:	Fremdenfeindlichkeit, der Fremdenfeind
l'hostilité (f)	Feindseligkeit
la tolérance, l'intolérance (f)	
la tension	
les quartiers / banlieues défavorisé(e)s	
la colonisation, le colonialisme,	
le colon, la colonie	
la Métropole	
le pays en voie de développement	
(ancien Tiers-Monde)	
l'identité culturelle	
le Maghreb, maghrébin	
étranger, la main d'œuvre étrangère:	der Ausländer, die Gastarbeiter
homogène	
le pluralisme, la pluralité	

L'immigration

La France, l'éldorado de l'Afrique noire

Texte 14

Au Mali et au Sénégal, l'opinion publique a réagi avec *indignation* aux nouvelles mesures du gouvernement français contre l'immigration clandestine. Pour beaucoup de pays africains, l'*exode* massif de *main-d'œuvre* reste la seule façon d'assurer leur *survie* économique et la paix sociale.

Pour le Mali et le Sénégal, anciennes colonies, la France est en fait un pays *refuge*. C'est vers elle, naturellement, que les migrants se tournent. Et la nouvelle politique de la France visant à *maîtriser* l'immigration et à reconduire les clandestins a eu comme effet paradoxal de *susciter*, depuis deux mois, davantage de demandes de départ, *notamment* chez les Maliens. «Votre pays a le devoir sacré de nous aider,» entend-on fréquemment, à Bamako comme à Dakar.

Ici, on n'a pas oublié les temps où des centaines de milliers d'Africains ont été *enrôlés* – souvent *de force* – dans l'armée coloniale française. Ils ont combattu pour la France pendant la Grande Guerre, la guerre de 39 à 45, la guerre d'Indochine et la guerre d'Algérie. Beaucoup y ont laissé leur vie.

Le chômage, la crise économique, qui frappent la France? Des raisons qui ne sont pas suffisantes aux yeux des candidats à l'immigration. Iba Der Thiam, député sénégalais, […] explique: «Jusqu'à présent, tous ceux qui ont quitté l'Afrique ont réussi. Pour les Africains, la *France est garante de succès et de promotion*. Aller à Paris, c'est comme aller en *pèlerinage*. Et même si chez vous l'immigré demeure pauvre à vos yeux, il vit largement mieux qu'ici: il a l'eau courante, l'électricité, le téléphone, la télévision, les protections sociales. Un enfant qui émigre, c'est la certitude d'une reconnaissance sociale».

Le Malien veut quitter son pays, car le Mali a atteint le degré zéro de la pauvreté. Certes, on ne meurt pas de faim à Bamako. Mais l'appareil économique est devenu inexistant. […]

C'est l'immigré qui fait tourner l'économie de son pays.
Les hommes politiques en sont conscients. «C'est grâce à l'immigration que de nombreuses régions de la vallée du Sénégal *arrivent à tenir*», admet Abdoulaye Bathily. […]

En *brousse*, la région de Kaye, qui fournit plus de 80% de l'immigration malienne, vit exclusivement par l'apport financier de ses exilés. Ce sont les Maliens de France qui financent actuellement la mosquée, l'école, le *dispensaire*, parfois des *forages*, parfois des routes. Quand il revient parfois au pays, le Malien de Paris arrête le taxi-brousse quelques kilomètres avant l'entrée de son village. Il en fait descendre les autres passagers, fait bloquer le *klaxon* et arrive alors, seul et triomphant, en distribuant des cadeaux pour tout le monde.

(*Le Figaro*, 24/25-6-1993)

LA FRANCE ET LE MONDE

VOCABULAIRE

l'indignation (f): la colère (die Empörung) – *l'exode (m):* le départ forcé, la fuite (der Exodus, die Flucht) – *la main d'œuvre:* l'ensemble des travailleurs (die Arbeitskräfte) – *la survie:* le minimum pour ne pas mourir (das Überleben) – *le refuge:* l'abri, l'asile (die Zuflucht) – *maîtriser:* contrôler (beherrschen) – *susciter:* provoquer (hervorrufen, anstiften) – *notamment:* en particulier (besonders) – *être enrôlé:* angeworben werden – *de force:* contre sa volonté (gezwungen) – *la France est garante de succès:* en France on réussit forcément (in F. ist der Erfolg sicher) – *la promotion:* l'avancement (m) professionnel (der Aufstieg) – *le pèlerinage:* die Pilgerfahrt – *le pèlerin:* celui qui fait un pèlerinage (der Pilger) – *arriver à tenir:* survivre (durchhalten) – *la brousse:* afrikanischer Busch – *le dispensaire:* la clinique gratuite pour les pauvres (die Armenklinik) – *le forage:* die Bohrung – *le klaxon:* die Hupe

Question Générale

De ces deux affirmations, laquelle vous semble la plus juste:

A : L'économie du Mali dépend presque exclusivement de la France.

B : La contribution économique de la France quoique importante pour la survie du Mali, joue un rôle secondaire.

Commentaire Lexical et Grammatical

1 *Expliquez:* «Le degré zéro de l'économie»

2 *Exprimez différemment:* «faire tourner l'économie»

3 *Traduisez:* «C'est grâce à l'immigration que de nombreuses régions du Sénégal arrivent à tenir».

4 *Trouvez un terme abstrait pour l'ensemble des mots suivants:* la mosquée, l'école, le dispensaire, les forages, les routes.

5 *Cherchez un synonyme pour:*
la certitude, triomphant, parfois, le succès, davantage.

6 *Cherchez des mots de la même famille:*
triomphant, le candidat, le chômage, la demande, combattre, observateur, conscient.

● L'immigration

7   «Les hommes politiques en sont conscients». *Que remplace «en»?*

8   «Beaucoup y ont laissé leur vie». *Remplacez le pronom «y».*

9   «Le Malien veut quitter son pays». *Remplacez «veut», trouvez plusieurs formules.*

10 Les adverbes:
    Exercice 1:
    Remplacez l'expression <u>soulignée</u> par un adverbe.
    Il explique <u>avec patience</u>. Elle a gagné au loto, <u>c'est heureux</u>! Il se bat <u>avec courage</u>. Elle parle <u>avec discrétion</u>. Il rit <u>avec facilité</u>. Elle aime son travail <u>avec passion</u>.

    Exercice 2:
    Transformez les adjectifs en adverbes.
    Il rit (bruyant). Il conduit (prudent). Il est (fou) amoureux. Il parle (intelligent) de ce problème. Il regarde (jaloux) son frère. Ce musicien joue (brillant). Elle attend (impatient) son tour.

Commentaire de Texte

1   *Quelle est l'attitude du gouvernement français face à l'immigration clandestine? Donnez-en les raisons.*

2   *Quelle situation paradoxale suscitent les nouvelles mesures concernant l'immigration?*

3   *Quelles sont les ressources des Maliens?*

4   *Expliquez: «Aller à Paris, c'est comme aller en pèlerinage».*

Question de Réflexion

1   «Votre pays a le devoir sacré de ... » *Quel est ce devoir? Pour quelles raisons? Qu'en pensez-vous personnellement?*

B ▶ La francophonie

EN BREF

«La francophonie constitue un espace linguistique et littéraire qui dépasse considérablement les frontières de l'Hexagone. Depuis 1945, et plus encore depuis la décolonisation, la langue française n'est plus la propriété exclusive des Français; bien plus, cette langue réputée pour son caractère universel montre aujourd'hui son aptitude à exprimer des différences, voire, comme au Québec, à affirmer des identités» *(Le nouveau guide France, Hachette)*.

La Francophonie est une communauté de pays de cultures diverses unis par l'emploi de la langue française. Elle regroupe une cinquantaine de pays répartis sur les cinq continents.

Ces pays sont:
Soit des pays de *culture francophone d'origine où le Français est la langue maternelle* comme: la France, le Luxembourg, la Suisse romande et la Wallonie pour l'Europe; le Québec sur le continent américain. Il faut y ajouter les DOM et les TOM (→ vocabulaire de base). Environ 100 millions de personnes.

Soit des pays où le *Français est la langue officielle de communication*, comme c'est le cas de nombreuses anciennes colonies. En Afrique francophone seules les personnes ayant suivi une scolarité se servent réellement du français (10% de la population).

En dehors de la Francophonie le français est pratiqué en tant que langue de culture par *190 millions de personnes* et il sert de langue diplomatique et de langue officielle à côté de l'Anglais à l'ONU (Organisation des Nations Unies) et à l'UE (Union Européenne).

Les institutions de la Francophonie: «La francophonie possède son organisation internationale gouvernementale: l'Agence de Coopération Culturelle et Technique ACCT créée en 1970, qui rassemble 32 états membres» *(Le nouveau guide France, Hachette)*. En France, il existe un ministère de la Francophonie depuis 1986.

Les sommets francophones: ils réunissent tous les 2 ans les chefs d'états et de gouvernements des pays membres, dans une ville francophone. Les grandes questions politiques, économiques et culturelles y sont discutées.

Les jeux de la francophonie: ils existent depuis 1987 et ont lieu tous les 4 ans. Les compétitions sportives sont accompagnées d'un programme culturel et de concours artistiques dans les domaines suivants: chants, danses traditionnelles et modernes, peinture, sculpture, traditions orales, productions audio-visuelles.

● La francophonie

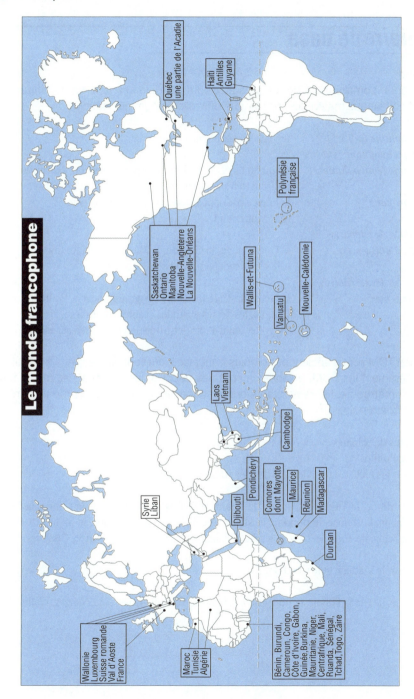

Vocabulaire de base

Francophonie
La Francophonie: communauté de 50 pays aux cultures diverses unis par la langue, le français y est soit langue maternelle, soit langue officielle de communication.

francophone (adj.): *le, la francophone (subst.)*	un pays francophone
le monde francophone:	réunit 50 pays, 380 millions de personnes dont 160 millions utilisent le français chaque jour.
la métropole:	la France par opposition aux anciennes colonies (das Mutterland)
les DOM: les départements d´outre-mer:	la Guadeloupe, la Guyane, la Martinique, la Réunion. (die Überseedepartements)
les TOM: les territoires d´outre-mer:	la Nouvelle-Calédonie, la Polynésie française, Wallis-et-Futuma, les Terres australes et antarctiques françaises, Mayotte, Saint-Pierre-et-Miquelon (die Überseegebiete)

Les DOM et les TOM sont d´anciennes colonies françaises, qui sont restées liées à la métropole, particulièrement les DOM, puisque ce sont des départements français au même titre que ceux de la métropole. Leurs habitants ont la nationalité française et les mêmes droits que ceux de la métropole.

La France n´a plus de colonies.
Les anciennes colonies:
– *Aux Amériques*: le Québec, la Guyane, les îles des Antilles et Haïti.

– *En Afrique:* le Maroc, la Tunisie, l´Algérie, le Bénin, le Burundi, le Cameroun, le Congo, la Côte-d´Ivoire, le Gabon, la Guinée, le Burkina, la Mauritanie, le Niger, Centrafrique, le Mali, le Ruanda, le Sénégal, le Tchad, le Togo, le Zaïre et les îles: Madagascar, la Réunion, Maurice, Comores.

– *En Asie:* le Laos, le Vietnam et le Cambodge.

Il faut y ajouter les îles de la Polynésie française ainsi que la Nouvelle-Calédonie, Vanatu, Wallis-et-Futuna.

● La francophonie

Qui parle le français?
– Le français est la *langue maternelle* de 100 millions de francophones.
– Le français est la *langue nationale de communication* de plus de 160 millions de personnes.
– Le français est la *langue de culture* de 190 millions de personnes vivant dans des sociétés non francophones.
– Le français est une *langue diplomatique et une langue officielle* de travail et de communication à L´ONU et à L´UE (Union Européene).

A lire en plus:

Quand les immigrés choisissent la France

Intégration
D'après un sondage de la SOFRES réalisé pour le ministère de l'Intérieur auprès d'un échantillon représentatif de 600 étrangers-européens de la CEE, Maghrébins, ressortissants d'Afrique noire et d'Asie, âgés de 18 ans et plus, comprenant et parlant le français et vivant dans des communes de plus de 10 000 habitants (juillet 1993). […]

Selon les réponses des personnes interrogées: 86% d'entre elles sont satisfaites de vivre en France, dont 89% pour les Asiatiques et 75% pour les Africains; 62% estiment que les Français ne sont pas racistes; 58% pensent que «la France ne peut plus accueillir de nouveaux immigrés». 76% disent ne pas craindre les contrôles d'identité, dont 72% de Maghrébins, mais 55% des Africains craignent de voir ces contrôles «se transormer en incident raciste». […]

90% approuvent les mesures de lutte contre la drogue, 78% celles contre l'immigration clandestine (mais 20% des Africains y sont hostiles); […]

Enfin, à la question «Aimeriez-vous avoir la nationalité française?»: 47% répondent affirmativement et 45% négativement. 72% des Asiatiques souhaitent devenir français, contre 61% des Africains et 48% des Maghrébins.

(Le français dans le monde N° 260)

PARIS

 EN BREF

L'importance, le prestige, le rayonnement (Glanz, Ausstrahlung) de Paris dépassent largement ceux d'une simple capitale. Cette importance exceptionnelle tient à des raisons non seulement géographiques et historiques, mais aussi politiques et culturelles. Paris centralise la plupart des fonctions. (On parle de «centralisation».)

- **Centre politique**. Les principales fonctions du pouvoir y sont rassemblées
- **Centre industriel**. Un quart de la main–d'œuvre (les travailleurs) industrielle y travaille.
- **Secteur tertiaire** (les services). Également un quart des postes de travail s'y trouve.
- **Centre des affaires**: la majorité des grandes sociétés ont leur siège (maison centrale) à Paris.

La population de Paris intra–muraux reste stable (environ 2 millions de personnes), alors que la population ne cesse de s'accroître en banlieue et même dans toute l'Ile de France (11 millions en tout). De vastes opérations d'urbanisme ont été entreprises:
Dans Paris:
- rénovation de vieux quartiers (→ texte 15)
- restauration de quartiers historiques (Le Marais par exemple)
- création de quartiers d'affaires (le Forum des Halles par exemple)
- créations culturelles: «les Grands Travaux» (Musée d'Orsay, Opéra Bastille, La Villette etc.)
- aménagement des gares.

Hors Paris:
- création de 5 Villes Nouvelles: centres urbains créés dans la grande banlieue pour déconcentrer Paris.
- nouveaux centres d'activités hors de Paris (Centre d'affaires de La Défense, marchés alimentaires de Rungis).

2 millions de personnes se déplacent quotidiennement à Paris. Elles utilisent le métro intra–muraux qui existe depuis 1900 et comporte 200 km de lignes, les 55 lignes d'autobus, ou les taxis.
Le RER (Réseau express régional) «super–métro», dessert la banlieue et la grande banlieue.

A

• La base

Vocabulaire de base

Paris

la capitale, la métropole	
Paris intra-muraux:	à l'intérieur des anciens murs (Paris-Stadt)
l'arrondissement (m):	équivalent d'une commune dans la ville. Paris en comporte 20.
le quartier:	partie de la ville (Stadtviertel)
Paris extra-muraux:	la banlieue, la périphérie, la grande banlieue (banlieue plus éloignée), la ville nouvelle (5 villes créées dans la grande banlieue pour déconcentrer Paris).
l'ensemble Paris-banlieue:	Le grand Paris, l'agglomération parisienne
la région Ile de France:	Paris opposé à la province (tout le reste de la France) Le parisien, le banlieusard ou habitant de banlieue (Vorort), le francilien (habitant de l'Ile de France) La rue, l'avenue (f), le boulevard, le boulevard périphérique (sorte d'autoroute qui fait le tour de Paris)
l'urbanisme (m):	la construction de la ville
l'immeuble (m):	bâtiment comportant plusieurs appartements (Mietshaus)
la tour:	immeuble très haut (Hochhaus)
le pavillon:	petite maison de ville (Einfamilienhaus)
la cité:	Centre ville; le grand ensemble: ensemble d'immeubles
la rénovation:	travaux pour conserver et améliorer les vieux bâtiments
la reconstruction	
l'aménagement (m):	réorganisation, amélioration (Einrichtung)
les transports en commun:	öffentliche Verkehrsmittel Le métro, l'autobus (m), le taxi, le RER (Réseau express régional): métro agrandi et rapide, le TGV (train à grande vitesse): dessert l'Ile de France et les villes de province
l'aéroport (m):	Orly (national) et Roissy-Charles de Gaulle (international)

Belleville – portrait d'un «village» parisien

Belleville est un quartier situé au Nord-Est de Paris, sur une colline. C'est un des rares quartiers de Paris qui ressemble encore à un village et qui a réussi à conserver un caractère populaire. 35 000 personnes, dont 60% d'immigrés de 70 nationalités y habitent. 80% des appartements sont des logements sociaux.

Depuis un siècle et demi, le quartier est un refuge: d'abord pour les ouvriers chassés du cœur de Paris par les rénovations du 19e siècle, puis pour les étrangers fuyant les pogroms d'Europe centrale, les massacres d'Arménie ou tout simplement les misères ordinaires. Dans un habitat *vétuste* mais bon marché, les nouveaux arrivés *s'entassent*, organisent des ateliers, ouvrent des boutiques en rez-de-chaussée. Belleville fonctionne comme un *sas* vers la grande ville, une machine à intégrer.

Mais les *frictions* intercommunautaires, même si elles restent invisibles, sont quotidiennes. Les dernières vagues d'immigration ont été celles des juifs [...] de Tunisie et des boat people asiatiques. Elles venaient s'ajouter à un melting-pot impressionnant où, de l'autre côté du boulevard de Belleville, les Maghrébins dominent encore.

La communauté juive de la rue Ramponeau occupe de fortes positions. [...] Ici comme en Tunisie, tout le monde se connaît, on vit beaucoup dans la rue et, comme la densité est très forte, les *attroupements* spontanés *s'étoffent* vite, surtout le mardi et le vendredi, jours de marché. On *fait bon ménage* avec le commissariat de police du haut de la rue Ramponeau, dont les hommes savent exactement comment maintenir l'ordre public sans *froisser* d'innombrables *susceptibilités*.

Elles sont d'autant plus vives que le village [juif] du bas de Belleville se sent menacé. D'abord par les *urbanistes* officiels: les opérations de rénovation se *succèdent aux alentours* depuis des décennies. Tout un côté de la rue Ramponeau a justement fait l'objet d'une destruction-reconstruction qui a laissé de profondes *cicatrices* dans le paysage urbain et dans les esprits.

Les nouveaux immeubles de béton sont architecturalement «corrects» et le trottoir est «propre». Mais une bonne partie des habitants et des boutiquiers d'autrefois ont été relogés dans d'autres quartiers. Certains ont vécu ce déplacement comme un exil, et ceux qui sont restés, sur le trottoir d'en face, regardent avec la plus grande méfiance tout projet de «réhabilitation» du reste du secteur. D'où le succès d'une association comme «la Bellevilleuse», qui a réussi à mobiliser l'ensemble des habitants et à arracher à la ville une rénovation plus respectueuse des caractéristiques architecturales, commerciales et tout simplement humaines de ce coin de Paris.

- Belleville – portrait d'un «village» parisien

30 À ces agressions de l'urbanisme rénovateur s'ajoute depuis peu d'années une autre «attaque» venant du nord. De l'autre côté de la rue de Belleville, dans un bloc d'immeubles modernes aux loyers *accessibles*, une communauté asiatique s'est progressivement installée. Une sorte de Chinatown du treizième arrondissement. Comme au sud de la place d'Italie, les familles actives, solidaires et entreprenantes ont installé des ateliers, ouvert des commerces,
35 attiré les clients. Elles ont constitué une enclave originale et colorée [...]. Bref, les Asiatiques pratiquent avec une efficacité redoublée ce que tous leurs *prédécesseurs*, venus d'autres horizons, ont fait dans ce quartier! Alors, la rue Ramponeau se sent une fois de plus «encerclée», et au *moindre* incident elle prend feu. [...]

(D'après Ambroise-Rendu, Le Monde, 29-5-1995)

VOCABULAIRE

vétuste: vieux, en mauvais état (baufällig) – *s'entasser:* vivre à très nombreux dans peu d'espace (sich zusammendrängen) – *le sas:* la petite ouverture (Sieb) – *la friction:* le petit conflit (Reibung, Streitpunkt) – *l'attroupement (m):* le rassemblement (Ansammlung) – *s'étoffer:* grossir (größer werden) – *faire bon ménage:* bien s'entendre, vivre en harmonie (sich gut verstehen) – *froisser les susceptibilités:* vexer, humilier (beleidigen) – *l'urbaniste (m):* l'architecte des villes (Stadtplaner) – *se succéder:* se multiplier, être très nombreux – *aux alentours:* dans la région, dans le quartier (in der Nähe) – *la cicatrice:* trace laissée par une blessure (Narbe) – *accessible:* ici: peu cher, que l'on peut payer (leicht zugänglich, hier: bezahlbar) – *le prédécesseur:* ici: celui qui habitait là avant (Vorgänger) – *le moindre:* le plus petit (geringste)

Commentaire Lexical et Grammatical

1 *Trouvez des mots de la même famille:*
L. 2: la rénovation; L. 4: l'habitat; L. 7: invisible; L. 18: l'urbaniste; L. 27: mobiliser; L. 34: solidaire

2 *Donnez des antonymes:*
ordinaire – fort – un ordre (Ordnung) – une destruction – moderne – accessible – profond

3 L. 32: Une communauté asiatique s'est installée.
Refaites la phrase: au présent / à l'imparfait / au plus-que-parfait / au conditionnel I et II / au passé simple / au futur

4 *Faites des phrases courtes au passé composé en utilisant les verbes suivants:* Regarder / se regarder / habiller / s'habiller / rencontrer / se rencontrer / demander / se demander

Attention! «rencontrer quelqu'un» ou «se rencontrer»
«se rencontrer avec» n'existe pas.

Commentaire de Texte

1   De qui se compose le «melting-pot» de Belleville?

2   Comment Belleville aide-t-il les immigrés à s'intégrer dans une grande ville comme Paris? (L. 11-16)

3   Comment la première destruction-reconstruction d'une partie du quartier a-t-elle été vécue par les habitants du quartier? (L. 17-24)

4   Avant que l'on continue à rénover le quartier, les habitants ont fondé une association: «la Bellevilleuse». Qu'ont-ils obtenu? (L. 26-29)

5   Par qui le village juif du bas Belleville se sent-il menacé? (L. 17-31)

Paris, je t'aime mais ...

J'aime ton décor, sans cesse redessiné, ce mélange des temps qui nous fait vivre dans plusieurs siècles à la fois. J'aime tes *audaces*, quand elles plantent un champ de blé sur les Champs-Elysées (allusion aux manifestations des paysans qui transformèrent les Champs-Elysées en un champ de blé l'été 1990) ou quand elles laissent Christo *emballer* le Pont-Neuf et ses lampadaires. […]

J'aime ton sens de *l'éphémère*, de l'unique qui fait de nous des privilégiés de l'instant. […] On sait que demain tu ne seras déjà plus tout à fait comme aujourd'hui.

J'aime tes foules quand elles coulent dans tes rues comme des ruisseaux dans un *lit* trop étroit, qu'elles *s'engouffrent* dans le métro pour en ressortir un peu plus loin, dispersées mais unies dans le mouvement. J'aime la diversité de ta population qui s'enrichit par vagues *au gré des* misères, des guerres ou des totalitarismes qui parcourent le monde. J'aime tes piétons qui, en vrais citadins, savent marcher sur un trottoir *encombré* sans *bousculer* personne, sans ralentir personne. J'aime tes rues jamais désertes, tes commerces ouverts très tard et tes nuits jamais tout à fait noires. J'aime aussi les terrasses de tes cafés où il fait si bon rêver.

J'aime tes jours de fête, quand tu *bascules* dans la folie, au 14 juillet, le jour de l'an, ou le 21 juin, premier jour de l'été et fête de la musique. J'aime ces moments où tes habitants retrouvent la parole, où ils s'amusent tous ensemble sans penser que le lendemain ils retomberont

Paris, je t'aime mais ...

dans l'indifférence. J'aime tes colères aussi, quand tu te mobilises pour protéger des immeubles menacés de destruction, quand tu manifestes pour rappeler au pouvoir que tu existes. J'aime ta liberté, celle que donne l'anonymat, celle que laissent les voisins, celle qui offre la paix et la tranquillité, celle qui permet toutes les découvertes. Mais pourquoi faut-il payer si cher pour profiter de toi? Pourquoi faut-il que tes loyers soient si élevés? Que tes logements soient si petits et si bruyants? Que tes spectacles soient si coûteux? Que les moins fortunés soient repoussés loin de toi, dans tes immenses banlieues? Pourquoi faut-il que tu casses chaque jour un peu plus ta diversité sociale, elle qui t'a donné ton âme et ton esprit? Pourquoi as-tu laissé des quartiers entiers se transformer en bureaux pendant que d'autres se sont mis à ressembler à des cages en béton? […]

Pourquoi donnes-tu toute la place aux voitures et aucune aux vélos? Pourquoi les vents d'ouest ont-ils de plus en plus de mal à chasser ta pollution? Pourquoi faut-il partir chaque week-end pour se souvenir de la couleur de la nature et ne pas croire que le gris est la couleur naturelle de la vie? […]

(Stéphane Jarre, Écoute, Avril 1995)

VOCABULAIRE

l'audace: le courage (Kühnheit) – *emballer:* envelopper (verpacken) – *l'éphémère (m):* le provisoire, ce qui ne dure pas (Vergänglichkeit) – *le lit:* ici: le lit du fleuve – *s'engouffrer:* se précipiter (sich stürzen in) – *au gré de:* au rythme de, selon (nach) – *encombré:* ici: où il y a beaucoup de monde (überfüllt) – *bousculer:* pousser de côté (zur Seite stoßen) – *basculer:* tomber (umkippen)

Question Générale

Vrai (v) ou faux (f)?

☐ Paris reste toujours le même.

☐ L'auteur compare la foule à l'eau d'un ruisseau.

☐ Il aime les rues désertes la nuit.

☐ Il critique les nombreuses manifestations parisiennes.

☐ Il regrette que Paris devienne trop cher pour ceux qui gagnent peu.

☐ Il dit que Paris est de plus en plus pollué.

Commentaire Lexical et Grammatical

1. *Donnez les adjectifs des substantifs suivants:*
   la folie – la colère – l'indifférence – la liberté – l'anonymat – la paix – la tranquillité

2. *Trouvez des synonymes:*
   quand – aussi – sans cesse – tout à fait – mais – pourquoi

3. Exemple: J'aime ta liberté, <u>celle que donne</u> l'anonymat ... <u>celle qui</u> offre la paix ... –
   Complétez les phrases suivantes par:
   celui, celle, ceux, celles qui, que, dont, de
   – Cet homme que tu vois là-bas, c'est ... j'ai rencontré au Portugal.
   – Cet homme que tu vois là-bas, c'est ... j'ai fait la connaissance au Portugal.
   – Ces fleurs, ce sont ... je viens de recevoir
   – Quelle robe voulez-vous essayer? ... est en vitrine?
   – De quel livre parles-tu? ... vient de paraître?
   – Quels enfants préfères-tu? ... ton frère, ou ... ta sœur?

4. L. 11-13: J'aime tes piétons qui savent marcher <u>sans bousculer personne,</u> <u>sans ralentir personne</u>. *Dites le contraire des expressions soulignées.*

5. L. 11-13: Même phrase. *Refaites la phrase en supprimant la répétition.*

Commentaire de Texte

1. L. 1: J'aime ton décor ... à la fois. *Que veut dire l'auteur?*

2. L. 8-10: *L'auteur fait une «métaphore» (il emploie une image).
   A quoi compare-t-il la foule parisienne?*

3. L. 15-18: *Qu'y-a-t-il de spécial, les jours de fête?*

4. L. 18-20: *Pourquoi la diversité sociale disparaît-elle progressivement?*

Questions de Réflexion

1. *Comment l'auteur exprime-t-il ses sentiments positifs et négatifs vis-à-vis de Paris?*

2. *Quelque soit le lieu où l'on vit, on y est attaché par des sentiments contradictoires. En utilisant un style semblable à l'auteur, (J'aime – Mais pourquoi) «dites» à votre ville ou village, ce que vous pensez d'elle / de lui.*

• Environnement

9

A ▸ Environnement

EN BREF

Les atouts de la France ne manquent pas: elle dispose d'un patrimoine naturel parmi les plus riches et les plus diversifiés d'Europe, de ressources en eau, en forêt, de grandes variétés de paysages. Ces atouts sont malheureusement très inégalement répartis sur le territoire. Les paysages, menacés par l'exode rural, ont tendance à se répartir en *3 zones*: un espace à moitié vide et abandonné à la friche (qui n'est plus cultivé), un espace suréquipé et peuplé par les 4/5 de la population, enfin les sites naturels protégés à divers degrés, qui représentent en tout 25% du territoire.

En ce qui concerne la protection de l'environnement, la qualité de l'eau, malgré 20 ans d'efforts, ne s'est pas vraiment améliorée, et un tiers seulement de l'eau consommée est épurée (nettoyée). Par contre, l'air est nettement moins pollué qu'avant, mais il est dommage que la France n'ait pas l'intention de continuer ses efforts dans ce domaine, comme le font ses voisins européens. En matière de déchets, les taux de récupération et de recyclage sont très inférieurs à ceux de ses voisins :   70%des résidus (déchets) finissent dans les décharges (Müllplatz), et il existe encore 25 000 décharges sauvages.

Enfin, concernant les «risques majeurs», la situation reste difficile: d'une part, la sécurité dans le domaine du nucléaire (traitement des déchets, destruction des anciennes centrales) n'est pas assurée; d'autre part, les risques liés au transport de matières dangereuses se multiplient.   On remarque donc qu'après un bon départ dans les années 70, la politique en matière d'environnement n'a pas atteint ses objectifs (ses buts) et a perdu son dynamisme.

États-Unis	104,8
France	60,4
Japon	39,6
Allemagne	22,5

Production des centrales nucléaires en gigawattheures (1994)

ENVIRONNEMENT – TOURISME – FRANCE PROFONDE

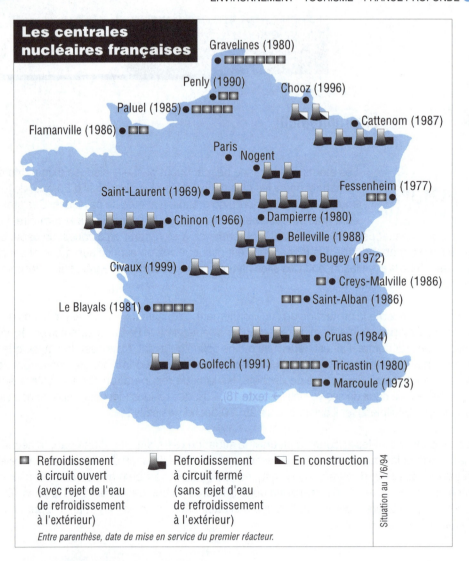

Vocabulaire de base

Environnement

le paysage
le site
la terre

● Environnement

le sol:	la surface cultivable, la région agricole, le terroir
le territoire:	le pays, l'étendue (f) (Gebiet)
la réserve,	
le parc naturel:	le territoire où les plantes et les animaux sont protégés par des mesures spéciales (Naturschutzgebiet)
la ressource naturelle:	la richesse du sol et du sous-sol
le patrimoine naturel:	les possessions naturelles (Naturerbe)
la flore	
la faune	
le littoral; la côte;	
le rivage	
la désertification:	lorsque les terres ne sont plus cultivées, elles deviennent des déserts (Versteppung, Verödung)

L'écologie

la sauvegarde, la protection, la préservation	
les écologistes, les Verts	
la récupération des ordures:	la réutilisation
le recyclage; recycler:	transformer les déchets récupérés (Wiederverwertung)
biodégradable:	qui se dissout tout seul
biodégrader	
réutilisable, réutiliser	
régénérable, régénérer	
la pollution:	la dégradation; la destruction d'un milieu vivant (Umweltverschmutzung)
polluant; polluer,	
pollueur, pollueuse:	personne qui pollue
l'écosystème (m):	l'équilibre (m) biologique
le gaspillage, gaspiller:	utiliser quelque chose en trop grande quantité, inutilement (Verschwendung, verschwenden)
le déchet:	l'ordure (f) (Müll)
le rejet des polluants,	
le déchet nucléaire,	
radioactif	
la décharge:	le dépôt d'ordures (Müllkippe)
la décharge sauvage:	„wilde" Müllkippe
l'incinération (f):	le brûlage
incinérer:	action de brûler

(Le Monde 27-3-1990)

Texte 17 — Les centrales nucléaires à la casse

En France, 54 réacteurs nucléaires sont aujourd'hui en service et assurent plus de 75% de la production d'électricité. Le programme électronucléaire français lancé dans les années 70 vieillit. La plupart des centrales fermeront vers 2015.

Faudra-t-il oui ou non renouveler le *parc* des centrales nucléaires et en construire de nouvelles? Celles-ci, en effet, vieillissent et, au bout de 30 à 40 ans, elles deviennent *inopérationnelles*. Mais le coût d'une usine nouvelle est élevé: plus de 20 milliards de francs, que vous payez sur votre *facture* d'électricité.

D'autres sources d'énergie
Ensuite, il faudra trouver de nouveaux sites pour *implanter* ces futurs réacteurs et convaincre les riverains. Car, même si l'image du nucléaire s'améliore dans l'opinion publique, la construction de nouvelles centrales risque de se heurter à une forte opposition. D'autant que le nucléaire produit des déchets hautement radioactifs qu'il faudra surveiller pendant des millénaires et que l'on a bien du mal à stocker.

Le renouvellement du parc n'est pas une fatalité, répondent les spécialistes. […] D'autres sources d'énergie pourraient remplacer le nucléaire. D'ailleurs, un pays comme le Danemark vit très bien sans lui! À trop *braquer les projecteurs* sur le nucléaire, notre pays en oublie que les énergies renouvelables représentent déjà 22% des sa production totale d'énergie!

La France a d'ailleurs un savoir-faire dans ce domaine, et elle peut encore développer des énergies propres. Si les sites adaptés à la construction de *barrages hydrauliques* sont presque tous équipés, il reste le bois ou encore *l'incinération* des ordures ménagères avec récupération de chaleur, par exemple.

Mais l'énergie du futur, c'est aussi celle que l'on ne consommera pas, ce sont les économies d'énergie: isolation des logements, utilisation de lampes et d'appareils électroménagers, basse consommation, etc. D'ici 2005, [on] estime que la lutte anti-gaspillage peut nous faire économiser 10% d'électricité. C'est l'équivalent de six réacteurs nucléaires. Six réacteurs nucléaires que la France n'aurait donc pas à construire.

Le débat sur l'énergie qui se déroule en ce moment aura au moins le mérite de rappeler que le nucléaire n'est pas *incontournable*.

(Nathalie Fontrel, Les Clés de l'actualité, Novembre '94)

- Environnement

VOCABULAIRE

Titre: la casse: l'endroit où l'on traite les gros objets à jeter (voitures par exemple) (Schrottplatz) – *le parc:* ici: l'ensemble (Bestand an) – *inopérationnel:* inutilisable (nicht verwendbar) – *la facture:* la note où est inscrit ce qu'on doit payer (Rechnung) – *implanter:* installer – *braquer les projecteurs:* mettre en lumière – *le barrage hydraulique:* construction qui retient l'eau des fleuves pour la transformer en énergie (Staudamm) – *l'incinération (f):* Verbrennung – *incontournable:* absolument nécessaire (notwendig)

Question Générale

A : A partir de 2015, les centrales nucléaires fermeront en France, car elles sont trop chères et trop dangereuses. D'autres sources d'énergie seront utilisées, spécialement des énergies renouvelables.

B : D'ici une vingtaine d'années, il va falloir entièrement reconstruire les centrales nucléaires françaises.

C : Les centrales nucléaires actuelles ne seront bientôt plus utilisables. On ne pourra pas totalement se passer du nucléaire, mais on cherche à l'heure actuelle à développer d'autres sources d'énergie et à lutter contre le gaspillage.

Commentaire Lexical et Grammatical

1 *Transformez la première phrase du texte en utilisant l'expression: Faudra-t-il que ...*

2 L. 14: Le renouvellement du parc n'est pas une <u>fatalité</u>
L. 16: <u>A trop braquer</u> les projecteurs sur le nucléaire ...
Exprimez autrement l'expression soulignée.

3 L. 14-15: D'autres sources d'énergie pourraient remplacer le nucléaire. *Mettez cette phrase au conditionnel 1 passif et au conditionnel 2 passif.*

4 *Trouvez des synonymes:*
L. 12: hautement; L.19: le savoir-faire; L. 20: propre (attention au contexte);
L. 25: estimer; L. 28: le débat

5 Exemple: La construction <u>de</u> nouvelles centrales risque <u>de</u> se heurter <u>à</u> une forte opposition. *Complétez les phrases suivantes avec les prépositions qui conviennent:*
On a décidé ... réduire ... trente-cinq élèves ... classe le nombre ... élèves dans les écoles primaires. Il s'est décidé ... quitter le pays. Allez, ... lit! C'est l'heure ... aller se coucher. Ils ont fini ... prendre leur petit-déjeuner. Au bout d'une heure, nous avons fini ... décider que nous n'irions pas.

Commentaire de Texte

1. Quelle est la raison pour laquelle on envisage de construire de nouvelles centrales nucléaires?

2. Quels sont les problèmes que pose la construction de ces nouvelles centrales?

3. Quelles sont les alternatives à l'énergie nucléaire?

Questions de Réflexion

1. «L'énergie du futur, c'est aussi celle que l'on ne consommera pas». *Des exemples d'économie d'énergie sont cités dans le texte. En voyez-vous d'autres?*

2. *Etes-vous prêt, personnellement, à réduire vos consommations d'énergie, à renoncer à certaines activités ou à un certain confort, pour ne pas gaspiller d'énergie?*

Texte 18 — L'emballage plastique devient chic

Que faire des centaines de millions d'emballages en plastique jetés à la poubelle chaque année? Une solution: le recyclage. Encore faut-il résoudre le problème de la récupération des plastiques.

La bouteille d'eau minérale que vous venez de jeter à la poubelle sera peut-être ... tricotée! Une fois lavée et fondue, elle se transformera en fibres avec lesquelles il est désormais possible de fabriquer des vêtements. Pour les industriels français du plastique, cette *innovation* technique est une petite révolution.

Multiplier les innovations

Bien sûr, on ne *parviendra* jamais à bout des millions de bouteilles qui grossissent chaque année nos poubelles simplement en fabriquant des vêtements: Il suffit de 27 bouteilles pour faire un pull. Mais les industriels affirment que la maîtrise de cette technique ouvrira d'autres *débouchés*, comme les revêtements de sols, des objets usuels, des *coques* de bateaux. Il faudra de toute façon multiplier les innovations, car la loi a fixé un objectif global: la récupération de 75% des emballages d'ici l'an 2002.

Les plastiques représentent aujourd'hui plus de la moitié du volume de nos ordures ménagères (29 millions de tonnes, au total, en 1994). On sait produire du papier recyclé avec du vieux papier. De l'acier ou de l'aluminium avec des boîtes de conserve. Mais les plastiques, jusqu'à présent, sont plus difficiles à recycler, justement parce qu'ils sont variés

Environnement

dans leur composition: Le *PVC* pour l'eau minérale, le *PET* pour le soda, le *PEHD* pour les produits d'entretien… Impossible de les jeter dans la même *marmite* pour obtenir un nouveau matériau aussi souple et résistant qu'il était au départ.

Une récupération insuffisante
Il faut donc trier ces différents plastiques: 200 millions de bouteilles plastiques ont ainsi été recyclées en 1994. Les professionnels veulent en récupérer et en recycler le double cette année. Ils auront à résoudre une autre difficulté, la récupération des plastiques est loin d'être généralisée en France. Aujourd'hui, trois millions de Français seulement *trient* leurs déchets. Ils disposent d'une deuxième poubelle pour y jeter les emballages. D'autres consommateurs utilisent des conteneurs spéciaux du même type que ceux qui recueillent le verre, pour y déposer leurs bouteilles en plastique.

Les professionnels du recyclage sont cependant optimistes et attendent qu'on leur apppore encore plus de bouteilles pour les transformer en tuyaux pour les canalisations, en nouveaux *flacons* non alimentaires… Mais ils enterrent du même coup l'idée du plastique „*biodégradable*" (qui se dissout sous l'action des agents naturels).

La technique est, il est vrai, loin d'être au point. Attaqués par les rayons ultraviolets du soleil ou les produits plus ou moins acides qu'ils sont *censés* contenir, ils risquent de disparaître avant même que l'on ait mangé ou bu leur contenu! Et les industriels se méfient du comportement des usagers. Sous prétexte qu'il est *biodégradable*, le plastique pourrait être abandonné n'importe où dans la nature.

(Nathalie Fontrel, Les Clés de l'actualité, Mars '95)

VOCABULAIRE

l'innovation (f): la nouveauté (Neuerung) – *parvenir à bout de:* en finir avec – ici: recycler en totalité (bewältigen) – *le débouché:* la voie, la possibilité (Möglichkeit) – *la coque:* la partie inférieure d'un bateau (Schiffsrumpf) – *PVC, PET, PEH:* différentes sortes de plastique – *la marmite:* grand récipient pour faire la cuisine. Jeter dans la même marmite – ici: mélanger (zusammenschmelzen) – *trier:* sortieren – *le flacon:* la petite bouteille (Fläschchen) – *censer:* devoir normalement (normalerweise) – *biodégradable:* qui se dissout tout seul (biologisch abbaubar)

ENVIRONNEMENT – TOURISME – FRANCE PROFONDE

Question Générale

A : Les Français consomment une très grande quantité de bouteilles plastiques. Le problème de recyclage est double: le plastique est plus difficile à recycler que d'autres matériaux. Les conteneurs de bouteilles plastiques sont encore trop peu nombreux et très peu de Français jettent leurs bouteilles plastiques séparément.

B : Il est difficile de recycler le plastique car on ne peut pas refondre ensemble les différentes sortes de plastique. La véritable innovation technique, c'est la mise au point du plastique biodégradable qui sera commercialisé vers l'an 2 000.

C : Le recyclage du plastique ne pose plus aucun problème technique. Malheureusement, les Français refusent de trier leurs ordures.

Commentaire Lexical et Grammatical

1 *Donnez le substantif précédé de l'article indéfini:*
multiplier – affirmer – produire – recycler – trier – rejeter.

2 *Donnez des synonymes:*
parvenir à – multiplier – se transformer – résoudre

3 *Exprimez autrement* – L. 5: une fois lavée et fondue; L. 34: la technique est ... loin d'être au point; L. 32: ils enterrent ... l'idée; L. 35: ils risquent de disparaître

4 *Remplacez les expressions soulignées par le pronom personnel ou adverbial:*
L. 27/28: D'autres consommateurs utilisent <u>des conteneurs spéciaux</u>; L. 16: On sait produire <u>du papier recyclé</u>; L. 23: Il faut donc trier <u>ces différents plastiques</u>; L. 36/37: Les industriels se méfient <u>du comportement des usagers.</u>

Commentaire de Texte

1 *Quels sont les différents recyclages possibles du plastique? (§1 et 2)*

2 *Pourquoi les plastiques sont-ils plus difficiles à recycler que le papier ou l'acier? (§ 3)*

3 *Comment les Français se débarrassent-ils actuellement de leurs bouteilles en plastique (3 possibilités)?*

4 *Pourquoi renonce-t-on au plastique biodégradable?*

● Environnement

A

Question de Réflexion

1   La récupération et le recyclage des bouteilles plastiques semblent poser de vrais problèmes en France. La situation est-elle différente en Allemagne? Pourquoi?

A lire en plus:

Les Français et la Nature
Interview de Jacques Lacarrière, écrivain

[...]
– Quand les Français reviennent de vacances, on a souvent l'impression qu'ils sont frustrés ...?
– Oui ... Les gens ne savent plus regarder. Brecht a dit: «Quand on commence à trouver les choses naturelles, on cesse d'exister.» Les Français ne s'intérressent pas vraiment à la nature. Est-ce qu'ils connaissent encore des noms de fleurs? Est-ce qu'ils savent qu'il ne faut pas cueillir les escargots à n'importe quelle époque de l'année ...?
Pour la majorité des Fraçais, la nature est un *foutoir*: tout est à prendre et à jeter. Il ne faut pas utiliser la nature pour *se l'approprier*!
– Alors les Français n'aiment pas la nature?
– 85% des Français s'ennuient à la campagne. Avez-vous remarqué qu'ils ont toujours peur de se perdre? ...Alors, nos forêts sont pleines de *pancartes*: «aire de pique-nique», etc. À plus de 200 mètres de leur auto, ils sont paniqués! Ils sont habitués à un univers conventionnel: «pelouse», «swimming pool»...
– C'est peut-être parce que la nature est réservée au paysan?
– Voilà le problème. Le retour des *citadins* à la campagne devrait permettre de sortir du ghetto, devrait permettre des contacts vivants entre le paysan et l'habitant des villes.
Mais au lieu de se comprendre, on se combat! Il y a toujours des conflits entre paysans et propriétaires de *résidences secondaires*! L'élevage des porcs *empeste* l'air, les vaches font trop de bruit en passant dans le village.. et laissent des traces. Alors les gens préfèrent les «ghettos»: le camping organisé, le Club Méditerranée ... La caravane me paraît la forme la plus extrême de solitude: On transporte avec soi sa *coquille*, la communication avec l'autre est coupée. Il faudrait partir sans rien: alors on a besoin des autres et les rencontres se font. Au camping, on a recréé les mêmes horaires qu'à la ville, les mêmes habitudes. Les Français transportent leur environnement avec eux! Ils ont peur du nouveau, de l'inconnu ... .

(D'après: Le Matin 1-8-78)

VOCABULAIRE ••

foutoir: Saustall – *s'approprier:* sich aneignen – *la pancarte:* (Hinweis-) Schild – *le citadin:* Städter – *la résidence secondaire:* Wochenendhaus – *empester:* verpesten – *la coquille:* Eierschale

ENVIRONNEMENT – TOURISME – FRANCE PROFONDE

B Tourisme

 Le tourisme représente une source de revenus très importante pour la France, car c'est le pays le plus visité dans le monde.

Les raisons de ce succès sont nombreuses: tout d'abord, elle possède un paysage très varié. Son climat est chaud et ensoleillé dans toute la moitié sud. De plus, elle possède un important patrimoine culturel (kulturelles Erbe) et historique: châteaux, églises, musées etc …

De nombreux spectacles sont organisés: festivals de théâtre, de musique, de danse, des concerts dans des châteaux et des églises, des fêtes locales traditionnelles, des spectacles «son et lumière» dans des lieux historiques comme Le Mont Saint-Michel ou le château de Versailles.

Enfin on a créé de grands parcs animaliers ou de loisirs, comme Eurodisney près de Paris, et d'importants équipements sportifs (voile, tennis, golf).

Parallèlement, on a développé l'hébergement:
– plus d'hôtels plus confortables
– plus de terrains de camping, de meilleure qualité
– grand nombre de gîtes ruraux et chambres d'hôtel.

Les vacances des Français

Environ 30 millions des Français (55%) partent en vacances.
- 55% en été
- 25% en hiver
- 25% deux fois

Vacances d'été:
– A l'étranger: 12%
– En France: 88% dont

- Mer: 44,0%
- Montagne: 14,0%
- Campagne: 24,5%
- Circuit: 8,5%
- Ville: 9,0%

Les Français qui partent en vacances l'été

88% des cadres supérieurs et professions libérales
75% des cadres moyens
65% des employés
55% des ouvriers
30% des agriculteurs

Où ils vont

5% à l'hôtel
15% en location
30% chez des parents ou des amis
20% en camping
30% divers

(source: Le nouveau Guide France, Hachette)

Tourisme

Vocabulaire de base

Tourisme

la saison de vacances:	Urlaubszeit
le touriste:	le vacancier – l'estivant (m)
se diriger – se déplacer –	
partir – voyager	
la région / la zone /	
le centre touristique	
le bord de la mer	
la côte – la plage – le littoral	
la montagne	
la campagne	
l'encombrement (m):	l'embouteillage (m) (Stau)
	la route/l'autoroute (f) encombrée / bouchée
l'agence de voyage (f):	Reisebüro
la réservation	
l'hôtel (m)	
le terrain de camping:	Campingplatz
l'auberge (f):	le petit restaurant
le gîte rural:	petite maison louée (Ferienhaus)
la chambre d'hôte:	chambre louée chez l'habitant (Zimmer mit Frühstück in einer Privatunterkunft)
le village de vacances:	Feriendorf
la maison familiale:	petite pension pour familles
l'auberge de jeunesse (f):	Jugendherberge
la pension complète:	hôtel et tous les repas
la demi-pension:	hôtel et un repas
la résidence secondaire:	la maison de campagne (Ferienhaus)
partir en vacances:	in die Ferien fahren
	Attention: «faire des vacances» n'existe pas
séjourner, le séjour:	sich aufhalten, Aufenthalt
faire du tourisme	

Texte 19 — Le littoral dénaturé – La côte d'alerte

Pourquoi un tel *déferlement*? Parce qu'il y a un marché [...] Déjà 30 millions de vacanciers viennent sur nos 5 500 kilomètres de côtes se mêler aux 6 millions *d'autochtones* des 1 000 communes littorales. [...] Une *manne*.
Tous les maires en veulent leur part. Le plus gros reproche qu'on puisse leur adresser est de leur dire: vous n'avez rien fait pour votre commune. Il faut donc « faire quelque chose». Et souvent n'importe quoi. L'*or bleu* peut rendre fou.

Plus de 50% du littoral est déjà construit, mais, à en croire les aménageurs, les structures d'accueil sont insuffisantes. Il faut construire encore. Les projets se comptent par dizaines; 180 ports de plaisance ont vu le jour en quinze ans sur l'ensemble des côtes et les constructeurs estiment qu'il faudrait créer 7 500 places de bateaux de plus par an pour répondre à la demande; 80 projets sont en cours de réalisation. [...]

Yvon Bonnot, président du comité régional du tourisme: «Les visiteurs viennent ici chercher des espaces naturels, un pays authentique.» Pour les satisfaire, on crée une nouvelle race de ports de plaisance qui n'ont rien à voir avec les jolis petits ports *égrenés* le long de la côte. [...]

L'arme absolue contre l'avancée du béton, c'est le Conservatoire du littoral, créé en 1976. Cet établissement public achète des espaces naturels sur la côte, les déclare définitivement inconstructibles, les aménage et les donne en *gestion* aux communes. Il possède 7% du littoral, 12% en Corse où la *pression foncière* est moins forte. Mais il a du mal à convaincre les communes de payer *l'entretien* d'un espace naturel qui ne leur rapporte rien. Le Conservatoire a des hommes, des idées, mais pas d'argent: «Nous avons besoin de quatre ans d'avance de budget pour faire les achats les plus urgents, sans quoi certains sites seront définitivement perdus», dit Patrice Becquet, directeur du Conservatoire. [...] Face aux constructeurs, les associations de défense tentent d'empêcher les travaux de construction. Elles comptent souvent parmi leurs membres des avocats, des architectes, et *abattent* un travail énorme. [...]

(Le Nouvel Observateur, 5/1991)

VOCABULAIRE

Titre: jeu de mots entre la côte = le littoral et la cote d'alerte: la limite atteinte au-delà de laquelle il y a danger – ***le déferlement:*** l'arrivée de la vague – ici: l'envahissement, l'arrivée massive (hohe Wellen) – ***L'autochtone (m):*** l'habitant de la région, du pays (Alteingesessener) – ***la manne:*** la source de richesse (Geldquelle) – ***l'or bleu:*** par analogie à l'or noir, revenus du pétrole: les revenus de la mer (Analogie zum „schwarzen" Gold, hier der Reichtum des Meeres gemeint) – ***égrené:*** réparti (verstreut) – ***la gestion:*** Verwaltung – ***la pression foncière:*** hoher Grundstücksbedarf – ***l'entretien (m):*** Instandhaltung – ***abattre:*** ici: accomplir (vollbringen)

- Tourisme

Question Générale

Vrai ou faux?

A : Une nouvelle loi oblige les communes à donner 7% de leurs terrains côtiers (12% en Corse) au Conservatoire du littoral, qui se charge d'entretenir ces terrains.

B : Pour répondre à la demande touristique, il faudrait continuer à construire des structures d'accueil sur la côte. Le Conservatoire du littoral tente de préserver une partie des terrains côtiers en les achetant et en les déclarant inconstructibles.

C : On reproche aux maires de ne rien faire pour leur commune et de laisser le Conservatoire de littoral acheter tous les terrains qui restent à vendre sur la côte.

Commentaire Lexical et Grammatical

1 Exemple: *définitif – définitivement (adverbe)*
général – apparent – gentil – confus – profond – fréquent – précis

2 Exemple: *La cité – le citadin*
les vacances – le tourisme – la campagne – le village

3 *Posez la question en remplaçant l'expression soulignée par un pronom interrogatif:*
L. 15/16: <u>Cet établissement</u> public achète des espaces naturels. Cet établissement public achète des <u>espaces naturels</u>.
L. 18: Il a du mal <u>à convaincre</u> les communes
L. 20: Nous avons <u>besoin de</u>

4 La négation: *Traduisez en français:*
Sie haben nie etwas für ihre Gemeinde getan. – Sie haben weder Hotels noch Ferienhäuser gebaut. – Niemand schützt die Umwelt. – In dieser Gegend sieht man nie jemanden. – Ich fürchte, dass er kommt. – Ich fürchte, dass er nicht kommt.

Commentaire de Texte

1 L. 1-3: *Quelle est la proportion de vacanciers par rapport aux autochtones, en été?*

2 L. 5/6: *Il faut donc faire «quelque chose» et souvent n'importe quoi. Que font les maires des communes littorales par exemple?*

3 L. 13/14: *Quelle est la différence entre cette nouvelle sorte de ports et les jolis petits ports côtiers?*

4 *Quels sont les fonctions du Conservatoire du littoral. Quels sont les problèmes qu'il rencontre?*

Questions de Réflexion

1   *On qualifie parfois les vacanciers d'été qui se rendent sur la côte de «barbares». Comprenez-vous pourquoi on leur attribue ce qualificatif?*

2   *Aimez-vous aller sur la côte, au soleil, l'été, malgré le monde, ou êtes- vous plutôt «un touriste vert»? Pourquoi?*

- France profonde

C   France profonde (rurale)

EN BREF

La France a un sol très riche et possède la moitié de la terre cultivable en Europe. C'est la *première puissance agricole du Marché Commun*. Elle produit surtout des céréales, de la betterave à sucre (Zuckerrübe), des pommes de terre, des légumes, des fruits et de la vigne. Sa production animale est également très importante. C'est le plus grand producteur de viande du Marché Commun. Bovins (bœuf), porcs et volaille (Geflügel) sont élevés pour la viande et les produits laitiers.

L'agriculture a tenu une place importante dans l'économie française, mais elle n'a cessé de diminuer depuis la Seconde Guerre mondiale: Elle employait alors 7 millions de personnes. Elle n'en emploie plus que 1,5 million. Cette diminution a entraîné *un exode rural* important, non seulement des agriculteurs, mais également du reste de la population rurale: artisans, commerçants etc. ... et beaucoup de villages se sont trouvés presque désertés.

Parallèlement, le nombre des habitants des villes a rapidement augmenté. On a alors construit les séries d'immeubles (grands ensembles) qui constituent les banlieues des grandes villes.

Aujourd'hui, malgré un accroissement de la productivité qui a doublé depuis 20 ans, le *revenu moyen des agriculteurs* (ce qu'ils gagnent) est en baisse.

Ce sont surtout les petites exploitations qui sont touchées et les exploitants sont obligés de chercher d'autres sources de revenus. C'est ainsi que se développe *le tourisme vert:* accueil à la ferme des touristes, sous plusieurs formes: fermes-auberges (→ texte 20) où l'on peut prendre un repas, chambres d'hôte, gîte rural.

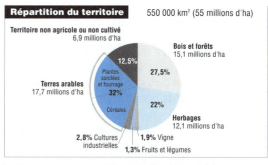

(source: le nouveau Guide France, Hachette)

A l'heure actuelle, certaines campagnes se repeuplent, spécialement les campagnes proches des grandes villes. Grâce aux nouveaux moyens de transport tels le TGV, et le réseau d'autoroutes, les gens qui travaillent dans les grandes villes peuvent habiter assez loin de ces villes. Il y a également beaucoup de familles vivant en ville et possédant une maison de campagne pour les vacances.

Vocabulaire de base

ENVIRONNEMENT – TOURISME – FRANCE PROFONDE

France profonde

l'exploitation agricole(f):	la ferme (landwirtschaftlicher Betrieb)
l'agriculture (f):	Landwirtschaft
l'agriculteur / trice	
la culture:	Anbau
la céréale:	Getreide
le maïs	
l'orge (m):	Gerste
le blé:	Weizen
l'élevage (m):	Viehzucht
l'éleveur / euse	
le bovin:	Rind
la volaille:	Geflügel
le porc:	Schwein
la vigne:	Weinberg
le vignoble:	Weinbau
le viticulteur / la viticultrice:	celui / celle qui cultive la vigne
la culture maraîchère	la culture des fruits et légumes

Texte 20 — Ces fermes qui vous hébergent

De plus en plus d'exploitations agricoles en difficulté? Les agricultrices relèvent un défi: celui de pouvoir continuer à vivre des produits de la ferme.

Fermières de *choc* la semaine, aubergistes de *charme* le week-end. En Bourgogne, elles sont officiellement une trentaine à *faire le pari* qu'à l'aube du troisième millénaire, il est encore possible de vivre de ses terres… en étant souvent trente ou quarante à table le soir.

Et cela, pour le plus grand plaisir des amoureux d'un *terroir* que la mode a fait *ressurgir* dans une France où l'on voyait avec tristesse disparaître cafés et auberges de village. Il aura suffi de quelques années pour voir naître un phénomène: à l'approche du week-end, dès les premiers rayons du soleil, une foule cosmopolite remplit des fermes pas tout à fait comme les autres. Des fermes où les gens de la maison vous servent uniquement des « produits maison».

Une vraie ferme-auberge peut bien être située dans un ancien bistrot ou un vieux moulin. L'essentiel est que le local appartienne à l'exploitation et qu'il soit géré par l'exploitant qui vous fera déguster sur place ses produits-maison. […] Si ces agriculteurs ont choisi le touris-

● France profonde

me rural, c'est qu'ils étaient déjà *convaincus*, dès les années 80, que la simple production agricole ne pourrait plus suffire à faire vivre une famille entière. Restait à trouver la *formule* la mieux adaptée à leurs besoins. Fermes-auberges, fermes-équestres, camping à la ferme, accueil d'enfants, chambres et tables d'hôtes… tous ces produits garantis par une *charte* et un logo leur permettent de rester sur leurs terres en assurant un revenu *d'appoint*. En signant la charte, les agriculteurs se sont engagés à vous offrir une qualité et une fraîcheur de produits exemplaires, des menus du terroir et des vins de producteurs régionaux. Tout cela servi dans une vaisselle en *grès* ou en porcelaine. […] Produit appartenant à la fois au monde de l'agriculture et à celui du tourisme, la vraie ferme-auberge *entend* demeurer dans la première catégorie. Un moyen de mieux se *démarquer* des *contrefaçons* qui, dans d'autres régions surtout, servent des repas à plusieurs centaines de personnes. Ici, le maximum est d'une cinquantaine. Nos fermes-auberges bourguignonnes, avec leurs différentes formules, sont uniques. Souhaitons que cela dure!

(Bourgogne, Journal d'information de la région Bourgogne, mars 1993)

VOCABULAIRE

«de choc»: ici: efficace (äußerst engagiert) opposé à «de charme»: séduisant – *faire un pari:* relever un défi, penser qu'il est possible de (wetten) – *le terroir:* la région agricole (Anbaugebiet, Kulturland) – *ressurgir:* reparaître (auftauchen) – *convaincu:* certain, sûr (überzeugt) – *la formule:* le concept – *la charte:* sorte de contrat écrit fixant certaines conditions – *d'appoint:* supplémentaire (zusätzlich) – *le grès:* la terre cuite (Sandstein, Steingut) – *entendre:* ici: vouloir – *se démarquer:* marquer sa différence (hier: sich abgrenzen von) – *la contrefaçon:* le produit faux, imité (Nachahmung)

Question Générale

Quel est le sujet exact du texte?

A : Beaucoup d'agriculteurs ne peuvent plus vivre entièrement de leur production agricole. C'est pourquoi ils accueillent des touristes, ce qui leur assure des revenus supplémentaires.

B : Beaucoup d'agriculteurs ont renoncé à vivre des produits de leurs terres et ont décidé, à la place, de transformer leur ferme en hôtel ou en restaurant.

C : Les agricuteurs ont du mal à écouler leurs produits agricoles. C'est pourquoi ils en vendent une partie directement aux touristes qui viennent les acheter sur place.

Commentaire Lexical et Grammatical

1 *Cherchez des mots de la même famille:*
Le produit – La formule – La région – Le plaisir

ENVIRONNEMENT – TOURISME – FRANCE PROFONDE

2 *Exprimez autrement:*
L. 4: l'aube du troisième millénaire; L. 9: des fermes pas tout à fait comme les autres

3 Exemple: «des fermes <u>où</u> les gens de la maison …» «des amoureux d'un terroir <u>que</u> la mode a fait ressurgir …»
Complétez les phrases suivantes par un pronom relatif, précédé d'une préposition si nécessaire:
– Voilà un homme sur … on peut compter.
– Le banc sur … vous êtes assis, vient d'être repeint.
– Je me sens étranger au milieu des gens avec … je travaille.
– La patience est une qualité … me manque mais … j'admire.
– Ne dites jamais rien … vous ne soyez sûr.

Commentaire de Texte

1 *Ce nouveau tourisme rural semble avoir beaucoup de succès. Qu'est-ce qui attire les gens dans les fermes-auberges? (L. 6/7)*

2 *Pourquoi les agricultrices et les agriculteurs ont-ils décidé d'ouvrir une ferme-auberge? (L. 13/15)*

3 *En quoi la ferme-auberge appartient-elle à la fois au monde de l'agriculture et du tourisme?*

4 *Qui imite la formule des fermes-auberges?*

Questions de Réflexion

1 *On parle de plus en plus de tourisme vert, que l'on oppose au tourisme classique. Comment peut-on définir l'un par rapport à l'autre?*

2 *A votre avis, s'agit-il d'un changement profond ou d'une mode qui passera?*

SOCIÉTÉ

10

A ▶ La femme entre famille et profession

EN BREF

Le travail salarié est une des conditions majeures (principales) de l'émancipation de la femme. Avec un salaire, la femme devient indépendante financièrement. Les femmes françaises l'ont compris très tôt et exercent dans leur grande majorité une profession. Deux mères de famille sur trois exercent un métier, ce qui est un *record en Europe*.

Le gouvernement soutient les femmes et les familles financièrement, par diverses *allocations* et aussi grâce à une *infrastructure* adaptée (crèches, cantines …).

La société française et l'opinion publique dans son ensemble acceptent très bien le travail des femmes (on ne les culpabilise pas). Si bien que les Françaises, tout en travaillant plus que les Allemandes, ont également plus d'enfants.

Le partage inégal du travail à la maison: Sur 100 hommes mariés (pères de famille)

(Marie Claire N° 500, Avril 1994)

Si elles se sont bien adaptées à leur *double rôle*, et mènent vie de famille et vie professionnelle à la fois depuis deux générations, elles doivent faire des efforts considérables.

Depuis le début des années 1990, on assiste à *une nouvelle prise de conscience* (à un changement dans la manière de penser) des femmes. Elles s'aperçoivent que si le travail salarié les a rendues plus libres, il pèse très lourd, car il s'ajoute à leur travail à la maison. En effet, une grande majorité d'hommes n'aident pas beaucoup à la maison. Ils continuent à vivre comme si leurs femmes étaient au foyer (voir le schéma, page 105).

Elles se rendent compte aussi qu'à qualification professionnelle égale, les hommes ont plus de chances de trouver du travail. Elles subissent plus le poids de *la crise économique et du chômage*.

Si la désillusion fait place à l'euphorie des pionnières il n'est pas question pour les femmes de rentrer au foyer. La vie de famille est en *mutation*. Une nouvelle page de l'histoire a été tournée, de nouvelles solutions doivent être trouvées.

Les aides financières:
- *Les allocations familiales (Kindergeld)*, on les reçoit à partir du deuxième enfant, elles sont beaucoup plus élevées qu'en Allemagne.
- *Les allocations parentales (Kindergeld)*, on les reçoit en plus des précédentes, si on réduit son temps de travail.
- *La carte famille nombreuse (Familienpass)* donne droit à des réductions dans les transports, les spectacles …
- *Arrêt de 4 mois* à la naissance avec un salaire quasi complet (pour les femmes seulement) *(Lohnfortzahlung während des Mutterschaftsurlaubs)*

Comment faire garder ses enfants?
- *Les crèches*: pour les bébés et les petits (de 0 ans à 3 ans) de 7h à 19h.
- *Les nourrices*, femmes qui gardent des enfants chez elles contre un salaire, solution très courante en France.
- *L'école maternelle,* prend les enfants de 3 à 6 ans de 9h à 17h.

Le travail de nuit des femmes:
En France, la loi de 1982 interdit le travail de nuit des femmes dans l'industrie. La cour européenne de justice a condamné récemment cette loi au nom de l'égalité des sexes!

(*Écoute, 11/1991*)

● La femme entre famille et profession

Répartition de la population active (1992)
Secteur primaire
(agriculture, sylviculture, pêche) 5%
Secteur secondaire
(mines, industries, travaux publics et bâtiment) 30%
Secteur tertiaire
(transports, commerce, administrations,
banques et autres services) 65%

La main-d'œuvre féminine
Sur 100 Françaises en âge de travailler, 44 exercent une activité professionnelle. Le taux d'activité par âge atteint son maximum entre 25 et 29 ans.

11 millions de femmes actives (soit 44% de la population active totale) se répartissent dans les catégories suivantes:

- Agriculteurs exploitants 6,1%
  (dont 4,5 % d'associées d'exploitation);
- Patrons de l'industri et du commerce 8,5%
  (dont 4,2 % d'associées d'exploitations);
- Professions libérales 0,4%
- Autres cadres supérieurs 3,6%
- Cadres moyens 15,3%
- Employées 29,2%
- Ouvrières 22,0%
- Personnel de service 12,8%
- Autres catégories 0,9%

Les femmes actives sont, par rapport aux hommes, fréquemment en situation d'infériorité. On compte trois fois plus de femmes payées au S.M.I.C. que d'hommes.
(Source: Le nouveau Guide de France, Hachette, 1994)

Vocabulaire de base

La famille, la femme

la femme au foyer:	celle qui reste à la maison (Hausfrau)
la femme active:	celle qui exerce une profession (die berufstätige Frau)
les activités à la maison:	faire le ménage, faire la cuisine, faire les courses, s´occuper du linge, élever les enfants
la vie familiale:	la vie de famille
la vie professionnelle:	la carrière
avoir une bonne situation:	avoir un bon métier (gute berufliche Position)
l´émancipation (f):	
une personne émancipée, libérée	
l´équilibre (m):	une bonne répartition (Gleichgewicht)
l´épanouissement (m):	la réalisation de soi, s´épanouir (verbe) (Verwirklichung)
la super-woman:	femme cadre (chef) qui réussit dans tous les domaines (privé et professionnel) (Erfolgsfrau)
assumer:	assurer, porter la responsabilité (die Verantwortung übernehmen)
avoir mauvaise conscience:	se sentir coupable (schlechtes Gewissen haben)
avoir bonne conscience:	(le contraire)
être surchargé de travail:	avoir trop de travail
le boulot:	le travail (familier)
dodo:	dormir (Kindersprache)
le fourneau:	Herd
«*métro-boulot-dodo*»:	rythme de vie monotone et stressant des habitants des villes
«*métro-boulot-fourneau*»:	même chose avec en plus le travail à la maison, c´est le cas des femmes actives

Texte 21 — Ces mères qui travaillent ...

La France est le deuxième pays européen quant au nombre des femmes actives. Par ailleurs, les Françaises ont plus d'enfants que les Allemandes. Est-ce un paradoxe? La France serait-elle un pays aux mains des féministes? Evidemment non, les raisons de cet état de fait résultent des choix à la fois politiques, économiques, sociologiques et psychologiques comme le montre le texte suivant.

La femme entre famille et profession

Il est 19 heures. Monique vient juste de rentrer à la maison. Son fils de 12 ans, Daniel, est *collé devant la télé*. Il se détend. Il a eu l'école toute la journée, puis, après une petite récréation d'une demi-heure où il a mangé son goûter et joué avec ses copains, il est retourné en salle de classe pour faire ses devoirs. Un surveillant, un «pion» comme disent les *gamins*, est là pour les aider. Pendant ce temps, sa mère travaille. Et lorsqu'elle sort du bureau à 18 heures, elle fait vite les courses et rentre pour préparer le dîner.

L'emploi du temps très *chargé* de Monique n'a pourtant rien d'extraordinaire. En France, deux mères de famille sur trois travaillent. Elles sont en effet nettement plus nombreuses que les Allemandes à faire tous les jours leurs huit heures au bureau. Les courses, *le ménage*, les enfants et la vie active … pour elles, c'est tellement normal. Les Françaises seraient-elles toutes de mauvaises mères prêtes à *sacrifier* la vie affective et psychique de leurs enfants pour leur profession? Non, certainement pas plus qu'en Allemagne. La seule différence, c'est que la société accepte nettement mieux que les mères restent actives après la naissance de l'enfant. L'infrastructure française est aussi là pour les aider. Après les 16 semaines de *congé de maternité*, il est relativement facile de trouver une place dans une *crèche*: plus tard, dès l'âge de trois ans, les petits vont à *l'école maternelle* (ouverte toute la journée jusqu'à cinq heures). Ensuite, il y aura l'école où ils resteront également toute la journée.

Que dire par contre de la mère allemande qui doit soit être là, soit s'organiser, si elle travaille, parce que l'école se termine dès midi? La politique a fait qu'en Allemagne, on préfère proposer aux mères un salaire maternel dit «d'éducation», ce qui n'existe pas encore en France. Un mieux? S'il existe une différence de mentalité entre la France et l'Allemagne, c'est bien dans le domaine du travail féminin qu'on en retrouve les plus grandes *traces*. Le nombre de mères de famille actives en France est bien plus élevé. Il est vrai que depuis très longtemps, féministes, psychologues et spécialistes de l'enfant ont encouragé les mères de famille à ne pas rester […] à la maison. «*Foncez,* travaillez, n'ayez surtout pas *mauvaise conscience*», tel était le leitmotiv des psychologues. Résultat: les Françaises ont continué de travailler. Ainsi, si en 1970 elles n'étaient que 49,8% à prendre chaque matin le chemin du bureau, elles sont maintenant près de 60% à être actives. Certes, ce chiffre est bien ridicule face au 85% des Suédoises … mais parmi les Européennes, les Françaises se placent tout de même en seconde place.

Il suffit de *feuilleter* les magazines féminins français pour vite s'apercevoir de la différence. On y voit presque toujours quelques femmes, mères de famille et super-actives, détenant des postes à haute responsabilité, qui racontent comment elles «managent» facilement leur vie quotidienne. […]

De nombreuses mères de famille françaises continuent de travailler parce que le couple ne peut se passer d'un second salaire. Mais la petite somme que propose le gouvernement allemand pour une *durée* très limitée permet-elle de faire bien vivre le couple? On peut aussi en *douter*. Est-ce une des raisons qui explique le faible *taux de natalité* allemand qui est le plus bas d'Europe?

10
SOCIÉTÉ

Comment se fait-il, par contre, que la France soit le pays à avoir le plus grand nombre d'enfants? Les efforts faits par les gouvernements pour les familles sont bien différents et les situations dans nos deux pays le montrent bien.

(d'après Danièle Janovsky, Écoute, Janvier 1993)

VOCABULAIRE:

il est collé devant la télé: il est assis, fasciné devant la télé (hängt vor der Glotze) – ***le gamin:*** l'enfant (familier) (Bengel) – ***chargé:*** plein (voll) – ***faire le ménage:*** nettoyer la maison (putzen) – ***sacrifier:*** ne pas s'occuper de (opfern) – ***le congé de maternité:*** arrêt de 4 mois de travail à la naissance, payé entièrement (Mutterschaftsurlaub) – ***la crèche et l'école maternelle:*** voir EN BREF – ***la trace:*** la marque, le signe (Spur) – ***foncez!:*** allez-y vite! (nichts wie ran!) – ***avoir mauvaise conscience:*** se sentir coupable (schlechtes Gewissen haben) – ***feuilleter:*** regarder superficiellement, rapidement un livre ou un journal (durchblättern) – ***la durée:*** le moment, un espace de temps (Dauer) – ***douter:*** ne pas être sûr (zweifeln) – ***le taux de natalité:*** le nombre d'enfants nés en pourcentage, (Geburtenrate)

Question Générale

Ce texte est-il:

A : Une comparaison de la femme française et de la femme allemande?

B : Une comparaison entre la mentalité française et la mentalité allemande au sujet du travail féminin?

C : Une description de la situation de la mère active en France et une amorce de comparaison avec la situation en Allemagne?

Commentaire Lexical et Grammatical

1 *Remplacez les mots en italique par un pronom ou un mot interrogatif, et refaites la phrase en posant la question adéquate.*
   a) *il* a eu l'école toute la journée
   b) il a eu *l'école* toute la journée
   c) il a eu l'école *toute la journée*

2 L. 9: «tous les jours». *Refaites la phrase en remplaçant le mot jours, par:* «nuit, nuits, vie, mois».

3 L. 26: «les Françaises ont continué de travailler.» *Mettez à l'imparfait, au plus-que-parfait, au futur, au futur antérieur.*

La femme entre famille et profession   A

4   Cherchez un synonyme ou une expression équivalente:
    L. 3: ses copains; L. 6: les courses; L. 10: normal; L. 13: accepter; L. 13: les mères restent actives; L. 20/21: un mieux; L. 21/22: dans le domaine du; L. 30: s'apercevoir; L. 32: manager, *trouvez le mot français!*; L. 40: l'effort.

5   la *nouvelle* femme française.
    le … homme
    le … appartement
    les … appartements
    le … chemin

6   L. 42: foncez, travaillez … *Refaites la phrase en commençant par:* Il leur faut …

Commentaire de Texte

1   L. 1-6: *Quel est l'emploi du temps de Daniel?*
    Quel est l'emploi du temps de Monique?
    En quoi sont-ils typiques?

2   L. 7-10: *Quels rôles cumulent les femmes actives?* (cumuler: faire plusieurs choses à la fois).

3   L. 30-33: *De quelles femmes parle ce passage?*

4   L. 34-41: *Les Françaises ont plus d'enfants que les Allemandes, pourquoi selon l'auteur?*

Question de Réflexion

1   L. 10-29: *En Allemagne peu de mères de famille exercent une profession, pourquoi est-ce si différent en France? Comparez la situation des mères allemandes et françaises. Donnez votre avis personnel sur la question.*

SOCIÉTÉ

Texte 22

Un couple

Vocabulaire:

Le cambouis: Schmieröl – *souillon:* sale, malpropre (Schmutzfink) – *se faire les yeux:* se maquiller (schminken) – *le fric:* l'argent (familier) – *souder:* schweißen

● La femme entre famille et profession

Commentaire de Texte

1. Les deux enfants jouent «au papa et à la maman»: *Quel type de famille ont-ils choisi de représenter?*

2. A l'arrivée de la mère:
Quelle est la réaction du garçon?
Quelle est la réaction de la fille?

Mais comment font-elles? 4 super-women ont la parole... Texte 23

Une semaine minutée
Marie France, trente-neuf ans, journaliste, deux filles de dix-sept et onze ans, un garçon de huit ans.

J'habite en banlieue, à plus d'une heure de mon travail, et je suis seule avec trois enfants. Quand je me suis séparée de mon mari, je me suis dit que cela allait être impossible à *gérer*. Mais j'y suis arrivée. D'abord, je ne me sépare jamais de ma carte de téléphone et d'une longue liste de numéros: les voisins, les écoles, la salle de sport, les médecins. J'ai demandé à des voisines de récupérer mon fils à l'école en cas de problème ou de grève de train de dernière minute. Car le moindre grain de sable dans l'organisation d'une journée, et c'est la catastrophe. [...]

«Autre règle de base: ne jamais tomber malade. Et garder son calme. Le soir, généralement, j'arrive juste à temps pour faire le dîner. Et puis, j'ai appris à chacun de mes enfants à prendre des responsabilités. Le soir, j'enlève mon manteau et je dis: «Qui met la table?» «Qui fait la vinaigrette?» Chaque enfant, selon son âge, peut faire quelque chose. [...]»

«En semaine, tout est minuté. Je prépare mes affaires la veille, je me lève toujours une demi-heure avant eux. [...]»

Cela dit, je ne me culpabilise jamais parce que je travaille et que je suis loin d'eux pendant la journée, puisque c'est mon travail qui me permet de les nourrir, tous les trois.

Imposer des règles de base
Hélène, quarante-quatre ans, haut fonctionnaire, quatre filles.
Ma fille aînée a vingt ans, la plus petite un an. J'ai donc une longue expérience de *débrouille* derrière moi. Avec le temps, j'ai appris que tout était question d'état d'esprit: moi, je considère que le travail me repose des enfants et, parallèlement, que la présence des enfants me permet de ne pas être *bouffée* par mon travail. A partir de là, j'ai imposé quelques règles de base à mes supérieurs et ils les respectent! […]

Avec l'aide des copines
Claire, trente-huit ans, rédactrice dans une maison d'édition, un enfant de neuf mois.
J'élève seule mon bébé, alors tous les jours, c'est la course. […] Avec les copines ou les copains, on s'arrange entre nous. Si, exceptionnellement, je suis retardée par mon travail le soir, un ami qui habite dans le quartier va récupérer mon fils à la crèche. Quand je dois sortir, je peux faire appel à plusieurs de mes copines. […]

«C'est vrai, je n'imaginais pas que cela pouvait être si dur, de travailler et de s'occuper d'un enfant en même temps. Mais cela m'a permis d'explorer *toutes les ficelles* du système D et de tester l'esprit de solidarité de mes amis. Et ça marche!»

Partage de tâches
Véronique, trente-quatre ans, assistante de direction, un fils de trois ans.
C'est son père qui se charge d'accompagner Lucien à l'école, et on paie une jeune fille du quartier pour *aller le récupérer* et le garder jusqu'à notre retour vers dix-neuf heures. Quand je rentre, il est en pyjama, douché, et il a déjà dîné. On regarde ensemble une cassette, on joue un peu et on va se coucher. […]

(Marie Claire, n° 500, Avril 1994)

Vocabulaire:
gérer: organiser, faire fonctionner (führen, verwalten) – *la débrouille, le système D:* se débrouiller (verbe), savoir faire face à chaque situation grâce à plein de «trucs» (recettes qui marchent toujours) (sich „durchschlagen") – *bouffer:* manger (familier) – ***toutes les ficelles du système D:*** tous les bons trucs du système D (alle Tricks, um sich „durchzuschlagen") – ***aller récupérer:*** aller chercher (abholen)

Question Générale

A : De quel type de texte s'agit-il?

B : Trouvez un nouveau titre pour caractériser le contenu commun de ces quatre textes.

• La femme entre famille et profession

Commentaire Lexical et Grammatical

1. **a)** *en et y:*
   Vous prenez du thé? Oui, j'en prends.
   Vous allez à Paris? Oui, j' y vais.
   Elle ne gagne pas assez d'argent ... – Vous revenez de Paris ... – Il achète un dictionnaire ... – Je ne trouve pas de travail ... – Vous pensez à vos vacances ... – Il a besoin de ce livre ... – Elle ne s'occupe pas de sa chambre ... – Est-ce que vous êtes déjà allé en France? ... – Est-ce que vous comprenez quelque chose à cette explication? ...

   b) *en, y ou pronom personnel?*
   Il s'intéresse à l'écologie: il s'y intéresse. Mais il s'intéresse à Jean: il s'intéresse à lui.
   Il pense à sa mère ... – Il pense à son travail ... – Avez-vous besoin d'argent?... Avez-vous besoin de Christine?... – Il a peur de l'orage ... – Il a peur de son père ... Il s'occupe du repas ... – elle s'occupe très gentiment de ses sœurs.

2. *Mettez L. 32 à L. 34 au discours indirect:* elle a dit que ...

3. C'est <u>son père</u> qui, c'est <u>sa mère</u> qui, ce sont <u>ses parents</u> qui, ce sont <u>ses sœurs</u> qui. *Remplacez les mots soulignés par un pronom personnel.*

4. *Refaites les phrases suivantes avec d'autres mots:*
   a) L. 9: Le moindre grain de sable ... catastrophe.
   b) L. 11: Garder son calme.
   c) L. 31: Je sais que <u>je peux faire appel à mes copines</u>.

Commentaire de Texte

1. L. 22-24: Je considère ... travail. *Que veut dire Hélène?*

2. *Qu'est ce que ces 4 femmes ont en commun?*

3. *Comment organisent-elles leurs vies, quels sont leurs trucs?*

Question de Réflexion

1. *Connaissez-vous une femme mère de famille qui exerce une profession? Décrivez-la et faites-la parler de sa vie et de ses problèmes.*

B — Les nouveaux pauvres ou le quart monde en France

EN BREF

La France, comme les autres pays industrialisés, a connu un *essor économique* rapide et généralisé des années 1945 à 1975, qui a conduit à la *société de consommation*.

Avec l'arrivée de la *crise économique*, phénomène qui a touché tous les pays industrialisés depuis 1975 et culminé de 1980 à 1985, on a assisté à la naissance et au développement d'une *nouvelle forme de pauvreté*.

Ces nouveaux pauvres n'ont rien à voir avec les clochards traditionnels. Ce sont des personnes qui, à cause d'une situation personnelle passagèrement difficile (chômage, logement trop cher, maladie …), se sont retrouvées à la rue exclues de la société.

Devant l'importance du problème et le nombre grandissant de SDF, le gouvernement a pris des mesures (par exemple, le RMI) pour éviter la *marginalisation* et *l'exclusion* totale d'une partie de la population.

De nombreuses *associations caritatives* ont mis en place tout un système d'aides très efficaces et bien acceptées. Elles sont actives dans les domaines où les aides du gouvernement n'atteignent pas leur but.

Vocabulaire de base

Pauvreté

la pauvreté :	la misère, le besoin, la nécessité (Armut)
être dans le besoin :	vivre pauvrement (in Armut leben)
démuni :	sans ressources (mittellos)
le / la clochard, e :	le mendiant, e
mendier :	faire la manche (familier), réclamer de l'argent aux passants (betteln)
le marginal :	celui qui n'est pas intégré à la société (Außenseiter)
la marginalité :	être en marge de la société (Existenz am Rande der Gesellschaft)
le sans-abri :	le sans-logis, celui qui habite dans la rue (Obdachloser)
le S.D.F. :	personne **S**ans **D**omicile **F**ixe, il y en a de 500 000 à 1 million en France. Cette expression créée dans les années 80 a peu à peu remplacé les autres (ex: clochard), car elle est plus neutre.

● Les nouveaux pauvres ou le quart monde en France

le quart monde:	les nouveaux pauvres, les exclus de la société de consommation, il y en a environ 2,5 millions en 1995 (die sozial Deklassierten, Ausgestoßenen).
l'exclusion (f):	le rejet (Ausgrenzung)

Société

les inégalités sociales:	le contraire: la justice sociale
la charité:	les aides, les dons, les secours (Almosen)
la solidarité:	l'entre-aide
la lutte contre:	le combat
l'engagement social (m):	la lutte pour une société plus juste
le / la bénévole:	personne qui travaille gratuitement (ehrenamtliche Helfer)
le bénévolat:	travail non rémunéré
l'évolution des mentalités (f):	le changement des façons de penser
la bonne conscience:	le contraire: la mauvaise conscience
revendiquer:	exiger (fordern)
la revendication:	la demande ferme
(se) réinsérer:	retrouver sa place dans la société (sich wiedereingliedern)
la réinsertion sociale	
la tolérance:	le contraire: l'exclusion
caritatif, ve,	
une association caritative:	elle apporte des secours aux plus démunis, quelques exemples: la Fondation Abbé Pierre, les Restos du Cœur, l'Armée du Salut, le Secours Populaire, le Secours Catholique

Les aides du gouvernement

l'indemnité (f):	l'allocation, une certaine somme d'argent versée par l'État (finanzielle Unterstützung)
bénéficier de:	avoir droit à (in den Genuss kommen von)
l'assistance (f)	
le RMI:	le **R**revenu **M**inimun d'**I**nsertion, il existe depuis décembre 1988. Il est attribué aux personnes sans ressources: 2 500 F pour une personne seule. 3 000 F pour un couple. 600 F de plus par enfant. (entspricht etwa der Sozialhilfe)
l'allocation chômage:	Somme reçue par les personnes ayant perdu leur emploi (durée: 6 mois à un an) (Arbeitslosengeld)
l'allocation solidarité:	1% du salaire des Français est réuni puis redistribué aux plus pauvres. (Solidaritätszuschuss)

| *l'allocation logement:* | aide à payer le loyer, les RMIstes la reçoivent (Wohngeld) |
| *les allocations familiales et l'allocation parentale:* | sont reçues par les familles ou par les parents seuls élevant un ou plusieurs enfants (Kindergeld) |

Texte 24 — Toujours plus de restos du cœur

Pour la dixième année consécutive, les restos du cœur distribuent des repas aux plus démunis pendant l'hiver. L'exclusion et la pauvreté continuent à se développer dans le pays. Les associations apportent des secours d'urgence, comblant l'absence de réponses politiques à la crise de la part de l'État.

Depuis le 12 décembre, les 1 200 *restos* du cœur ont rouvert leurs portes. 18 000 *bénévoles* vont offrir des repas gratuits aux plus *démunis*. Depuis leur création par Coluche en 1985, les restos *n'ont cessé de* s'étendre, suivant la progression de *l'exclusion* sociale dans le pays. 43 millions de repas seront probablement servis pendant l'hiver 1994-1995 à 500 000 personnes.

Une mobilisation rapide
En octobre 1985, Coluche lançait son appel «*On compte sur vous*» sur les radios. Son idée: offrir des repas aux plus pauvres pendant l'hiver. Pour y arriver, pour sensibiliser le pays sur *le sort* des victimes de la crise, Coluche s'appuya sur les vedettes de la chanson et du cinéma, qui pouvaient plus que d'autres faire passer le message. Le 21 décembre, les premiers restos du cœur ouvraient.

La mobilisation avait été rapide et efficace. Ce premier hiver, 8,5 millions de repas furent servis. L'année suivante, *Coluche* se tuait en moto, mais les restos du cœur continuaient. Le nombre de sans-domicile fixe *(SDF)* et de personnes *sans revenus* n'a cessé d'augmenter depuis 1985. Les nouveaux pauvres sont aujourd'hui plus de 3 millions. Or, 66% des «clients» des restos ne bénéficient même pas du *RMI*.

Les *pouvoirs publics* ont *débloqué* l'an dernier 52 millions de francs pour l'accueil des SDF. Cette année, Simone Veil, le ministre de la Santé et des Affaires sociales, a annoncé que 200 millions de francs serviraient à généraliser ces *secours d'urgence*. Mais sur le terrain, ce sont les associations comme les Restos du Cœur, le Secours Catholique, le Secours Populaire, l'Armée du Salut, et d'autres, qui se montrent les plus efficaces pour aider les plus démunis.

Les activités des Restos du cœur se sont même élargies. Depuis le 13 décembre, une péniche aménagée, [...] quai de Bercy à Paris, offre des douches, des petits déjeuners, des soins médicaux et un hébergement provisoire. Ailleurs, des Ateliers du cœur permettent à des RMIstes de retrouver les gestes du travail, oubliés avec la durée des périodes de chômage. 300

● Les nouveaux pauvres ou le quart monde en France

25 relais-accueils aident à bénéficier de la sécurité sociale, du RMI, des allocations familiales, etc. L'ensemble des services assurés par les Restos du Cœur et les autres associations caritatives marque la progression du mouvement de solidarité dans l'opinion publique. Elle met aussi en évidence l'absence de réponse globale de l'État à la question de l'exclusion dans le pays.

(Alain Othnin-Girard, Les Clés de l'actualité, Janvier 1995)

VOCABULAIRE

le resto: diminutif de restaurant (familier) – **ils n'ont cessé de:** ils ont continué à (sie haben nicht aufgehört) – **compter sur quelqu'un:** faire confiance à quelqu'un, espérer son aide (mit jemanden rechnen) – **le sort:** le destin (Schicksal) – **SDF:** voir vocabulaire de base **RMI:** voir vocabulaire base **l'exclusion:** voir vocabulaire de base – **les pouvoirs publiques:** le gouvernement (die öffentliche Hand) – **débloquer:** mettre à la disposition (freigeben) – **les secours d'urgence:** une aide rapide (Notprogramm) – **une péniche aménagée:** un bateau habitable (ein bewohnbarer Frachtkahn) – **Coluche:** artiste français, clown satirique, animateur radiophonique sur Europe 1 et d'un journal télévisé sur Canal +, fondateur des restos du cœur en 1985.

Question Générale

Quels sont les deux thèmes principaux de ce texte (en deux courtes phrases)?

Commentaire Lexical et Grammatical

1 *Trouvez un synonyme pour chaque mot ou groupe de mots suivants:*
L. 1: bénévole; L. 2: création; L. 4: probablement; L. 6: on compte sur vous; L. 8: Coluche s'appuya sur; L. 9: faire passer le message; L. 15: ne bénéficient pas de; L. 18: sur le terrain; L. 21: élargies; L. 27/28: elle met aussi en évidence.

2 *Trouvez le substantif correspondant avec l'article défini:*
L. 1: bénévole; L. 2: gratuit; L. 6: lancer; L. 7: sensibiliser; L. 8: appuyer; L. 16: débloquer.

3 *En vous servant des mots et expressions suivants pris dans le texte, écrivez un petit article.*
«sensibiliser le pays, les victimes, les vedettes de la chanson, la solidarité, SDF, une péniche aménagée, une association caritative, l'exclusion sociale, le sort.»

4 L. 1-2: 18 000 Bénévoles vont offrir des repas gratuits. *Mettez au passif:*
L. 2: depuis leur création par ... *refaites la phrase en commençant par*: depuis que.

– l'accord du participe passé
a) il a lu tous les journaux > il les a tous lus
b) elle a regardé toutes les photos > …
c) nous avons visité les jardins de Paris > …
d) le chien a reconnu ses maîtres et leur fille > …
e) il a retrouvé sa bague > …

Commentaire de Texte

1. L. 1-7: *Où et quand commence l'action humanitaire de Coluche. En quoi consiste-t-elle?*

2. L. 5-9: *Comment fait-il passer son message et à qui est-il adressé?*

3. L. 1 et L. 9-19: *Coluche a-t-il été entendu? Quelles sont les réactions* a) *de la population,* b) *du gouvernement?*

4. «Notre succès, c'est le vôtre», commentez cette phrase.

5. L. 21-25: *L'extension des restos du cœur depuis 1994: – Quelles nouvelles aides sont proposées? – Dans quels domaines? – Qu'en pensez-vous?*

6. L. 26-28: *La fin de ce texte parle de deux réactions de l'opinion. Quelles sont-elles? Est-ce semblable en Allemagne?*

Questions de Réflexion

Traitez une des questions suivantes.

1. Que pensez-vous de cette phrase de Coluche: «On n'a plus le droit d'avoir faim ni d'avoir froid».

2. Que pensez-vous du bénévolat social?

HISTOIRE DE FRANCE DEPUIS 1789

1789	Prise de la Bastille Le tiers état constitue l'Assemblée Nationale (17. 6.)	Le XVIIIe siècle
1789 – 1792	La monarchie constitutionnelle	
1793	Exécution du Roi Louis XVI	
1792 – 1795	La Convention	
1793 – 1794	La Terreur	
27 Juillet 1794	9 Thermidor, chute de Robespierre	
1795 – 1799	Le Directoire	
1799 – 1804	Le Consulat; Bonaparte 1er consul (18 Brumaire 1799)	
1804	Code Civil	Le XIXe siècle
1814 – 1830	Restauration	
1830 – 1848	Monarchie de Juillet (Louis Philippe)	
1830 – 1847	Conquête de L'Algérie par la France	
1848 – 1851	**IIe République**	
1851 – 1870	Second Empire (Napoléon III)	
1870 – 1939	**IIIe République**	
1871	La Commune de Paris	
1905	Séparation de l'Église et de l'État	
1914 – 1918	1ere Guerre Mondiale	
1936 – 1938	Le Front populaire (la gauche)	
1939 – 1945	2e Guerre Mondiale	
1945 – 1954	**IVe République**	Le XXe siècle
1945 – 1954	Guerre d'Indochine	
1954	Début de la guerre d'Algérie (– 1962)	
1958	**La Ve République**	
1958 – 1969	Charles de Gaulle (centre)	
Janvier 1963	Traité Franco-allemand	
1966	La France quitte l'OTAN (NATO)	
1969 – 1974	Georges Pompidou (centre)	
1974 – 1981	Valéry Giscard d'Estaing (centre)	
1981 – 1995	François Mitterrand (la gauche + la cohabitation)	
1982	Début de la décentralisation	
1992	51% des Français pour le Traité de Maastrich (référéndum)	
1995	Jacques Chirac (la droite)	

LES CULTURES JEUNES

Texte 1 Les patineurs de Paris

Question Générale (→ S. 12)

La bonne réponse est **A** («Ils semblent même devenir les maîtres de la ville … Les guides en parlent déjà … Ils sont à la mode à Paris …»)

Commentaire Lexical et Grammatical (→ S. 12)

1 la vérité, la sécheresse, la grandeur, la magie, la bonté, la vieillesse, la rigolade.

2 **a)** vieil **b)** vieux **c)** vieilles **d)** vieil **e)** vieux **f)** vieux

3 **a)** toute **b)** tout **c)** tout **d)** tous **e)** toute **f)** tout **g)** toutes

4 on les voyait tourner
on les a vus tourner
on les avait vus tourner
on les verra tourner
on les aura vus tourner

5 **a)** oui, elle s'est lavée … non, elle ne s'est pas lavée …
b) oui, il s'est lavé … non, il ne s'est pas lavé …
c) oui, nous nous sommes promenés … non, nous ne nous sommes pas promenés …
d) oui, vous vous êtes levés tôt … non, vous ne vous êtes pas levés tôt …
e) oui, tu t'es couché tard … non, tu ne t'es pas couché tard …
f) oui, je me suis assise … non, je ne me suis pas assise …
g) oui, ils se sont souvent disputés … non, ils ne se sont pas souvent disputés …
h) oui, elles sont bien habillées … non elles ne sont pas bien habillées …

6 L. 1: Allez-y; L. 2: Ils en ont fait; L. 5: Ils semblent en devenir les maîtres.
L. 5: On les voit y glisser; L. 11: Ils adorent en mettre dans le bassin.

● LES CULTURES JEUNES

Commentaire de Texte ($\rightarrow$ S. 13)

1. Les patineurs envahissent la ville dès qu'il fait beau, on les rencontre partout, sur les trottoirs, slalomant entre les piétons et les voitures d'enfants, sur les places publiques où ils tournent et voltigent entre les fontaines et les pigeons au plus grand plaisir des touristes, mais aussi dans les rues se faufilant entre les voitures et les camions. Ils sont en si grand nombre que la ville semble leur appartenir.

2. Les jeunes représentent la majorité des adeptes du patin, ils ont transformé ce jeu d'enfant en sport de virtuose. Mais on voit de plus en plus d'adultes appartenant aux milieus sociaux les plus divers prendre goût au patin.

3. – Il y a de la place
   – pas de voitures
   – de nombreux spectateurs
   – il y a des escaliers et d'autres passages difficiles où l'on peut s'entraîner
   – il y a des fontaines où l'on peut verser de la lessive

Questions de Réflexion ($\rightarrow$ S. 14)

1. **Pratique** – on passe partout même dans les embouteillages – sportif – amusant mais
   Dangereux – pas de protection (casque) – pas construits pour la circulation (ni freins ni lumière)

2. **a)** Vocabulaire exprimant la joie:
   adj.: il est content, joyeux, heureux, épanoui
   verbe: il s'amuse, «s'éclate», s'ennivre ou se grise de vitesse, il rivalise d'adresse avec, il se réjouit de l'air admiratif des spectateurs

   b) Vocabulaire exprimant la peur:
   substantif: l'angoisse (f), la crainte, la frayeur
   verbe: il craint (craindre) de ne pas pouvoir s'arrêter à temps, il a peur de provoquer un accident, il appréhende une collision …

   c) Vocabulaire de la dispute:
   substantif: la querelle, la discussion, le conflit, une altercation
   verbe: être agressé par les piétons, entrer en conflit avec les automobilistes, se disputer violemment avec, subir la colère de …

LES CULTURES JEUNES

**Raves, les soirées dansantes
de la génération techno**

Question Générale (→ S. 16)

B est la bonne réponse, chaque § du texte traite un point précis, à la fin de l'article, le lecteur a une vue d'ensemble assez détaillée sur les raves.

Commentaire Lexical et Grammatical (→ S. 16)

1
signifie
continuer la fête
changer, se transformer
d'habitude
très important, fondamental
assurer, déclarer

2
disparu, disparaître
la vieillesse
dangereux, se
secondaire, peu important
on ne fait rien pour …

3   **a)** son,   **b)** votre,   **c)** vos,   **d)** leurs,   **e)** leurs,   **f)** mon,   **g)** tes.

4
Les raves faisaient vibrer la jeunesse
elles ont fait …
elles feront …
elles avaient fait …
elles auront fait …
que les raves fassent …

a) les jeunes dansaient …
ils ont dansé …
ils danseront …
ils avaient dansé …
ils auront dansé …
que les jeunes dansent …

LES CULTURES JEUNES

b) **les jeunes sortaient le soir**
ils sont sortis …
ils sortiront …
ils étaient sortis …
ils seront sortis …
que les jeunes sortent …

Commentaire de Texte (→ S. 17)

1. Une rave est une surprise-partie géante où l'on danse sur de la musique techno. En France on préfère parler de soirée techno que de rave. La musique est toujours à fond, et les jeunes dansent jusqu'au matin.
   – Ces sortes de fêtes viennent d'Angleterre, où elles sont apparues à la fin des années 80.
   – Elles ont gagné la France en 1991 et y connaissent un succès qui ne faiblit pas.

2. **Les buts:** se retrouver ensemble, s'éclater, se déconnecter, s'exprimer librement, tolérer les autres, supprimer les barrières.
   Les moyens: la danse, la transe, la musique à fond, les décors, la technique.

3. Elles ont lieu dans des endroits insolites, car à l'origine, elles commençaient vers 3h. du matin, quand les boîtes fermaient. Donc, les jeunes qui voulaient continuer à danser se rencontraient n'importe où, du moment qu'ils pouvaient disposer de courant électrique. Ils allaient alors dans des entrepôts vides, des usines désaffectées. Maintenant qu'elles sont devenues à la mode et plus organisées, on les trouve partout, même sur des bateaux ou au milieu des bois. Le gigantisme caractérise ces rencontres qui réunissent parfois des milliers de personnes.

4. Le décor est essentiel, primordial. C'est un décor synthétique, virtuel, dont les thèmes sont: L'eau, les astres, le retour aux sources. Son but est d'aider à se libérer de la réalité.

5. la tenue rapeur: → la question 3 (CT) du texte 3.
   la tenue techno: pas de règle, tout est possible, tout est permis si on se sent bien.

6. Le problème de la drogue existe aussi dans les soirées techno. Les dealers essaient d'en vendre, comme dans d'autres rassemblements de jeunes d'ailleurs. Mais un système de sécurité a été mis en place. Beaucoup de jeunes disent que la musique, les décors, l'ambiance leur suffisent pour s'amuser et qu'ils n'ont pas besoin de drogue.

LES CULTURES JEUNES

Texte 3   **Basket de rue**

Question Générale (→ S. 20)

B est la réponse juste, A et C sont des aspects partiels.

Commentaire Lexical et Grammatical (→ S. 20)

1 a) actuel; b) à peu près, approximativement; c) venant de, originaire de; d) habillé de; e) infatigablement; f) plus de la moitié g) la réserve, la mine, le stock; h) caché, souterrain

2 infatigablement, indiscutablement, incroyablement, inexplicablement.

3 a) très b) très c) beaucoup, très d) très, beaucoup e) beaucoup.

4 La casquette qui est bien calée ou la casquette étant bien calée.

5 Bien qu'il y ait un lien … discerne … .

6 défavorable, inégal, associal, irresponsable, incertain, imbuvable.

Commentaire de Texte (→ S. 21)

1 a) *une culture basket* (en bon français, on dit): une culture du basket.
   street-ball – le basket de rue
   le tee-shirt – le maillot de corps
   les shorts – la culotte courte
   les playgrounds – les terrains de jeux
   le parking – il n'y a pas de mot français!
   la basketmania – la manie du basket

● LES CULTURES JEUNES

2   **a)** Elle vient des grandes villes des Etats Unis où elle est née dans les quartiers défavorisés (ghettos), dont les habitants sont en majorité chômeurs.

     b) Depuis les Jeux Olympiques de 1992, lorsque la NBA a gagné. Beaucoup de jeunes se sont alors identifiés à ces nouveaux héros.

     c) Très populaire chez les jeunes des milieux défavorisés, donc dans les banlieues des grandes villes où de nombreux jeunes sont sans emploi après l'école.
Les raisons: -L'équipement ne coûte pas cher, un ballon, pas de tenue vestimentaire spéciale. - On peut jouer partout, un terrain vague, un parking de super-marché le dimanche, et pour panier un caddie (volé).

3   Il n'y a pas de tenue vestimentaire obligatoire, mais on reconnaît les joueurs de street-ball. Ils portent les mêmes vêtements que les rapeurs dont ils écoutent la musique en jouant: Casquette à visière en arrière, habits très larges, chaussures de sport montantes et délacées.
Le joueur est comparé à un cosmonaute qui se déplace en apesanteur.

4   C´est un quartier de banlieue de grande ville, où habitent beaucoup de chômeurs, d'immigrés, où la violence est latente.

5   – La liberté et le mouvement (danser avec la balle)
      – Le dépassement de ses propres limites (très acrobatique)
      – L´esprit d´équipe
      – La compétition
      – La joie du rythme (rap)
      – L´auto-arbitrage (respect des règles et de l´adversaire)
      – Apprendre en jouant des pratiques sociales importantes et une façon pacifique de régler les conflits.

Question de Réflexion (→ S. 21)

Comment exprimer l'accord / l'opposition
a) *L'accord:* il me semble que, je pense que, je crois que, j'estime que, je considère que + indicatif
d'après moi il faut, à mon avis il faudrait, selon moi il serait nécessaire de + infinitif
se mettre d'accord sur, être d'accord avec, être du même avis que, partager le point de vue de, porter un jugement positif sur + substantif

LES CULTURES JEUNES

b) *l'opposition:* je ne pense pas que, je ne crois pas que, je suis opposé à ce que + subjonctif
s'opposer à, avoir une opinion différente de, ne pas être du même avis que, ne pas partager le point de vue de + substantif

Le sport
Le sport m'apporte … (amuser, distraire, divertir etc.)
Un autre sport …
    jouer **au** ping pong
    faire **du** vélo
    faire **de la** planche à voile (surfen)
    faire **du** cheval (reiten)
    aller **à la** pêche (angeln gehen)

● CULTURE

Né en 17 à Leidenstadt

Question Générale (→ S. 25)

C est la bonne réponse (voir les 2 dernières lignes du texte)

Commentaire Lexical et Grammatical (→ S. 25)

1   Si tu étais né(e) …aurais-tu été. Si elle était née aurait – elle été. Si nous étions né(e)s aurions – nous été.

2   Si Jean avait le temps, il aimerait aller au cinéma.
    Si nous allions à Paris, nous verrions *JJG* à l'Olympia.
    Si Michèle était plus amusante, elle serait invitée plus souvent par ses amies.
    Si tu m'écrivais pendant les vacances, je te répondrais.

3   **a)** si   **b)** quand   **c)** quand   **d)** si   **e)** quand   **f)** quand

4   haineux, se – ignorant, e – consciencieux, se – peureux, se – complice.

5   … bon est un adjectif qui donne meilleur, bien est un adverbe qui donne mieux au comparatif
    a) mieux   **b)** meilleure   **c)** mieux   **d)** meilleure   **e)** meilleur   **f)** mieux
    g) mieux

Commentaire de Texte (→ S. 26)

1   **a)** Cette phrase signifie que, tant qu'on n'est pas confronté à la réalité, on ne peut pas savoir comment on agirait. *JJG* fait preuve de sincérité et de prudence dans ses jugements. Par-là il ne condamne personne. *JJG* n'est pas un idéaliste naïf.

   b) Cette métaphore (image) fait allusion à l'attitude passive de la majorité des gens. En général on suit la masse sans trop se poser de questions.

2 Leidenstadt = ville allemande
Belfast = ville irlandaise
Johannesburg = ville de l'union sud-africaine
Dans ces trois villes il y a encore (il y en a eu pour l'Allemagne) des conflits armés à motivation raciste (nazis contre juifs et sous-hommes, catholiques contre protestants, colons blancs contre colonisés noirs). Ce sont des villes où règnent (ont régné) l'injustice, la haine, la terreur, la violence, le racisme, la guerre.

3 un champ de bataille-se battre, l'humiliation-humilier, la haine-haïr, la revanche-revanchard, le soldat-la solde, contre-contrer, trahir-la trahison, la peur-peureux, le cri-crier, un bourreau-bourrer, résister- la résistance.

4 C'est un message empli de modestie et de sagesse; *JJG* refuse l'ildéalisme, il ne se fait d'illusions ni sur lui-même ni sur les autres. Il faut attendre d'être confronté à la réalité (d'être au pied du mur), pour savoir comment on se comportera.

Question de Réflexion (→ S. 26)

Comment exprimer le souhait – employez le conditionnel

a) si l'on pouvait choisir, ce serait ...; si la possibilité du choix existait, on pourrait ...; si j'avais eu le choix, je serais né en l'an 3000 ...

si + phrase subordonnée à l'imparfait ou au plus-que-parfait; phrase principale au conditionnel présent ou passé

b) j'aimerais, je souhaiterais, j'envisagerais de, il m'aurais plu de, j'aurais apprécié de, j'aurais été heureux de + infinitif,
même sujet dans les 2 phrases (je souhaiterais vivre sur une île), *sujet différent dans les 2 phrases* (**il** souhaiterait que **j'**aille vivre sur une île) + que + subjonctif

Comment exprimer la cause:

a) préposition + substantif: quelle est la cause de, ou, la raison de, ou, quel est le motif de (votre choix), en raison de, pour, malgré, en dépit de, à cause de (cause négative), grâce à (cause positive), cela est dû à (son travail), cela est dû à (sa situation)

b) verbe + substantif: cela entraîne, provoque, crée (une nouvelle situation)

c) conjonction + indicatif: parce que, comme, car, vu que, étant donné que, attendu que (il pleuvait nous sommes restés à la maison). C'est pourquoi

● CULTURE

(il pleuvait c'est pourquoi nous sommes restés ...), puisque, d'autant plus que, surtout que (cause connue), sous prétexte que (cause contestée) (il est prétentieux, sous prétexte qu'il est le plus intelligent!)

d) conjonction + subjonctif: soit que ... soit que ...(2 causes possibles) (soit qu'ils viennent, soit que nous y allions ...)

Interview d'un auteur de BD   Texte 5

Question Générale (→ S. 29)

B est la réponse juste, Astérix est bel et bien un héros, même si il a quelques défauts. Ce n'est pas un super-man de BD américaine.

Commentaire Lexical et Grammatical (→ S. 29)

1   Conjuguer les verbes en – oir:
   a) se conçoit
   b) peut-il concevoir
   c) il a conçu
   d) nous avons aperçu
   e) elle s'est aperçue
   f) nous ne nous sommes pas aperçu(e)s de son absence
   g) nous ne nous apercevions pas de ...
   h) en apercevant un restaurant

2   l' idée de montrer que ...
   c'est grâce à cette optique, c'est à partir de cette optique, en suivant cette optique, en développant cette optique.
   n'ayant qu'un rôle ...

3   Je ne pense pas qu'on puisse donner une raison ...

4   **1.** Si on sait à quoi est dû le succès, c'est trop simple.
   2. Si on a su à quoi a été dû le succès, cela a été trop simple.
   3. Si on avait su à quoi avait été dû le succès, cela aurait été trop simple.

5   alterner, l'alternance, alternatif, autre
   produire, le produit, le producteur
   humoristique, un humoriste
   la victoire, victorieux, convaincre, le vainqueur, invincible

la paix, pacifier, pacificateur
l'opticien, l'illusion d'optique
la laideur, enlaidir
la force, fortifier, les fortifications, forcené
héroïque, l'héroïsme, heroïne

Commentaire de Texte (→ S. 30)

1 a) Créer une BD européenne et humoristique. La BD française de l'époque est trop sérieuse et la BD américaine inonde l'Europe.

b) Partir d'un gag et le présenter comme une réalité historique.

c) Créer un anti – héros auquel les jeunes puissent s'identifier, pas de super-man made in USA.

2 a) Goscinny a désiré créer un *anti – héros*, petit, laid rusé, donc un peu méchant.

b) Mais il a remarqué rapidement que le type de l'anti-héros pouvait très bien servir à faire un gag humoristique, mais pas une histoire entière. Donc le personnage initial d´Astérix est devenu celui que nous connaissons; s'il est resté petit, pas très beau, têtu et coléreux, il est néanmoins devenu un héros, intelligent, très malin, fidèle en amitié, toujours prêt à se battre contre les méchants. En un mot un *vrai héros*, que ses quelques défauts rendent plus humain donc *sympathique* et plus *compatible à l´identification*.

3 C'est bien sûr tout un ensemble de raisons qui assurent le succès d'Astérix. Uderzo cite l'humour allié au dessin, la spiritualité particulière de Goscinny, le chauvinisme des Français, des raisons politiques. Mais certaines de ces raisons ne seraient valables que pour la France. Or, Astérix connaît un succès mondial, il est traduit en 57 langues! Ces raisons n'expliquent donc pas tout. Finalement, pour Uderzo, ce succès reste mystérieux, c'est un secret qu'il ne veut pas essayer de percer.

4 La quasi-totalité des Français lit Astérix (85% des moins de 35 ans); et le monde entier les suit de près si l'on en croit les chiffres: Plus de 261 millions d'albums ont été vendus dans le monde depuis la parution du premier et ont été traduits en 57 langues. C'est un des plus grands records dans ce domaine.

● CULTURE

Questions de Réflexion (→ S. 30)

1 Voir expression de la cause (→ QR 1, texte 4)

2 **Comment décrire un personnage:**
   a) son aspect physique: grand-petit, gros-mince, beau-laid, fort-faible, blond-brun ...

   b) son allure: décidée-timide, avantageuse-désavantageuse, dynamique-maladive ...

   c) son caractère, ses qualités et ses défauts: avoir bon / mauvais caractère, être de bonne / mauvaise humeur
   positif: gai, jovial, sympathique, ouvert, franc, fidèie, courageux, généreux ...
   négatif: triste, ennuyeux, fermé, hypocrite, infidèle, peureux, avare ...

   d) ses occupations: profession, études, loisirs
   e) ses goûts et préférences: il aime, il adore, il préfère, il pratique avec plaisir, avec passion ... il déteste, il ne supporte pas, il a horreur de ...

3 Exprimer son accord / désaccord (→ texte 3, QR 1)

L'ÉCOLE ET APRÈS?

Texte 6   Préparer l'école de demain

Question Générale (→ S. 35)

La réponse **B** est juste.

Commentaire Lexical et Grammatical (→ S. 35)

1. S'ils peuvent lutter contre les inégalités / où va l'école / si l'école est bien adaptée à notre époque / ce qu'il faut faire + ce qu'il faut qu'ils fassent / s'il faut lutter contre l'inégalité / ce qu'ils attendent vraiment de l'école.

2. Bien que / quoique la société se soit profondément transformée.

3. De ce fait / pour cette raison / en conséquence

4. Sur quoi porte l'un des éléments du débat?
Qu'est-ce qui s'est profondément diversifié?
Quelle doit être la mission … / que doit avoir l'école pour mission?

Commentaire de Texte (→ S. 36)

1. Le système scolaire continue de fonctionner sur les bases établies il y a une centaine d'années: l'enseignement des matières reste théorique, sanctionné par des notes.
Le professeur est obligé de suivre un programme strict qui laisse peu de place à l'initiative personnelle. De plus, le nombre des élèves dans chaque classe reste élevé.
Certains changements ont été effectués, notamment dans les structures d'accueil (→En Bref), qui permettent aux élèves une meilleure intégration scolaire et sociale.

● L'ÉCOLE ET APRÈS?

2 L'école n'est plus la seule source de connaissances. Les élèves apprennent également par les médias, les voyages, les bibliothèques, les musées et au moyen de jeux pédagogiques qu'ils reçoivent.
L'école doit donc prendre en compte (berücksichtigen) ces autres connaissances et les inclure dans son enseignement. On apprendra par exemple aux élèves comment utiliser les médias, ou à se servir d'un ordinateur (Computer).

3 En cas de crise sociale et/ou économique, on accuse l'école de ne pas avoir assez bien formé les jeunes, de ne pas les avoir préparés aux difficultés qui les attendent.
On rend l'école responsable des échecs qu'ils connaissent plus tard, au niveau de l'intégration sociale et sur le marché du travail.
On accuse en plus l'école de ne pas enseigner aux élèves la morale de base: par exemple les règles de politesse, de bienveillance et de respect indispensables.

4 L'école doit se fixer trois objectifs principaux: il faut d'abord qu'elle crée un lien, une base commune pour tous les enfants vivant en France, quelle que soit leur origine sociale, religieuse ou ethnique.
Ensuite, elle doit fournir à chaque enfant une même base de connaissances générales afin que tous puissent faire des études.
Enfin, il est important que les enfants apprennent à l'école quels sont leurs droits et leurs devoirs de citoyens, afin qu'ils deviennent des adultes responsables et bien intégrés socialement.

5 Pour réaliser ses nouveaux buts, l'école devra avant tout établir un meilleur lien avec les parents des élèves.
Elle devra également entrer en contact avec les associations pour les jeunes: sportives ou de loisirs par exemple, ce qui permettrait d'élargir les activités scolaires.
La commune ou le département enfin pourraient apporter une aide précieuse, en améliorant par exemple le transport scolaire, en développant les équipements sportifs, en prenant en charge des visites d'usines ou de musées.

L'ÉCOLE ET APRÈS?

   Le foulard interdit d'école

Question Générale (→ S. 39)

La réponse A est juste; seuls les signes ostentatoires (voyants) seront défendus.

Commentaire Lexical et Grammatical (→ S. 39)

1   Une expression / une déclaration / une approbation / une appartenance / une précision / une modification

2   L'absence / la permission / discret / la partialité/ la désapprobation / improbable

3   Ne peuvent pas être défendus / ne sont pas concernés par ces mesures
Bien qu'on ait raison de vouloir défendre/ bien qu'il existe de bons motifs pour défendre/ bien qu'il soit justifié de vouloir défendre / bien qu'il existe des raisons réelles à vouloir défendre …
Si l'on tient compte de/ à cause de / grâce à

4   En / en / dans le / en / dans l'

Commentaire de Texte (→ S. 40)

1   Dans la circulaire, le ministre de l'Education nationale demande aux directeurs d'école de faire respecter la neutralité religieuse, en interdisant aux élèves de porter des signes religieux trop visibles. Les signes discrets seront par contre tolérés. Bien qu'il ne soit pas directement nommé, c'est le port du foulard islamique qu'il désire interdire.

2   La grande majorité des Français est contre le port du foulard à l'école, et tout spécialement le corps enseignant (l'ensemble des professeurs).

3   L'enseignement laïque garantit un enseignement libre de toute influence religieuse. La diffusion d'idées religieuses et le port de signes «ostentatoires» est interdit dans toutes les écoles publiques.

4   Les tribunaux administratifs ont pris la défense de ces jeunes filles, au nom de la «Déclaration des Droits de l'Homme» qui permet à chacun de s'exprimer librement.

● L'ÉCOLE ET APRÈS?

Questions de Réflexion (→ S. 40)

1 Pour:
Acceptation d'une France multinationale, d'un nouveau contexte socio-culturel / tolérance / ouverture d'esprit / droit à la différence / lutte contre les inégalités, contre toutes les formes d'exclusion / école ouverte sur le monde / les Droits de l'Homme garantissent la liberté d'expression
Contre:
École laïque: libre de toute influence religieuse
Peur de l'Islam et de son influence
Désir de neutralité et d'égalité des élèves
Le foulard est un signe religieux, mais il symbolise aussi l'infériorité de la femme musulmane.

2 Pour la laïcité:
Je trouve bien / je suis partisan de / je suis favorable à la séparation des enseignements scolaire et religieux. On est plus libre de décider si l'on veut suivre un enseignement religieux ou pas. L'enseignement religieux n'a de sens que si l'on est croyant et pratiquant. Il est préférable qu'il soit dirigé par un prêtre ou un pasteur. Les professeurs ne doivent pas influencer les élèves.
Contre la laïcité:
Le christianisme fait partie de notre histoire et de notre culture, indépendemment de la foi. Si l'on n'a suivi aucun enseignement religieux, c'est une partie importante de notre culture générale qui est ignorée.

Jeunesse en révolte

Question Générale (→ S. 45)

C est la bonne réponse, A et B ne traitent que d'aspects partiels (Teilaspekte).

Commentaire Lexical et Grammatical (→ S. 46)

1 mobiliser, insérer, se révolter, mouvoir, abonder, se soucier, croître, accéder, refuser, exclure, entreprendre, exploser.

2 Bien que ou quoique ces pénuries se soient atténuées

3 Une remise en cause des règles qui … a été engendrée par cette entrée dans …

L'ÉCOLE ET APRÈS?

4 Mais tous avaient un point commun qui était le refus …

5 L'idéal des jeunes étant de consommer …

6 mode: subjonctif, temps: présent, obligatoire après un verbe exprimant une prise de position (pouvoir admettre)

Commentaire de Texte (→ S. 46)

1 La majorité de la population consacrait sa vie à travailler pour survivre. La nourriture et le logement une fois assurés (les premières nécessités) il ne restait plus ou très peu d'argent, «le souci du pain quotidien» était le souci principal des familles.

2 Cette situation a commencé à évoluer en 1945, donc au lendemain de la Deuxième Guerre Mondiale, pour s'accélérer et atteindre son apogée dans la société de consommation des années 60.

3 La jeunesse était révoltée dans son ensemble, mais on distingue 2 grands courants:
-Une minorité très politisée, dite gauchiste, en tout cas idéaliste, rejettait la société de consommation en bloc et rêvait d'une société plus égalitaire.
-Une majorité de jeunes refusait le monde des adultes fait d'inégalités sociales et qui tendait à les exclure des bienfaits de la consommation qu'ils désiraient s'approprier et partager sur de nouvelles bases.

4 Ce mouvement ne critique pas l'ordre social, il n'est ni contestataire ni révolutionnaire. Pour les jeunes nés et élevés dans une société d'abondance, «leur idéal est de consommer». Ils demandent à avoir une place de choix dans la société.

Questions de Réflexion (→ S. 46)

1 Exprimer son avis (→ texte 3, QR 1)

2 **Exprimer une critique nuancée**
Si vous n'êtes pas entièrement d'accord avec l'avis d'un auteur ou les idées d'un texte

L'ÉCOLE ET APRÈS?

a) **employez des adverbes:** ce jugement me paraît trop tranché, me semble quelque peu simpliste, assez peu objectif, certainement, probablement, sans doute ...

b) **des verbes:** sembler, paraître, douter de, se méfier de, hésiter à ...

c) **des expressions:**
... ne décrit pas vraiment la réalité dans sa diversité, sa richesse
... donne une place trop importante à ... par rapport à
... ne tient pas compte de tous les aspects du problème
... manque de nuances

d) **des expressions + le subjonctif:** il est probable que, il est possible que, il se pourrait que, il paraît que, on peut croire / penser / craindre / souhaiter que

Travailler pour vivre,   **Texte 9**
2 témoignages.

Thèmes de Réflexion

1   A - Il exprime son sentiment d'insécurité, son angoisse face à la précarité (Unsicherheit) de ses revenus, sa peur du lendemain, sa hantise de se retrouver à la rue.

B - L'argent n'est pas une valeur en soi, l'argent n'est pas important pour lui-même, paradoxalement, l'argent est absolument indispensable dans une société où tout s'achète et se vend.

2   La précarité de ses revenus (allocation de formation qui peut être interrompue d'un jour à l'autre).

Il ne possède pas assez d'argent pour retourner dans son pays, s'il ne réussit pas en France. Il se sent donc livré à l'arbitraire (Willkür) de l'administration, sans espoir de mener sa vie comme il le souhaiterait.

Il n'a aucune influence sur son propre avenir.

4

LES FRANÇAIS ET LA RELIGION

Texte 10 Les croyances des Français

Question Générale (→ S. 51)

A: vrai, **B:** faux, **C:** vrai

Commentaire Lexical et Grammatical (→ S. 51)

1 L. 1: effectué, entrepris, accompli; L. 2: des sondages viennent d'être effectués, on vient de faire des sondages; L. 2: en faveur de; L. 3: l'un après l'autre, sans attendre; L. 12: le déclin, la baisse, le manque d'intérêt; L. 13/14: le manque de popularité, le déclin; L. 15: ils n'ont pas encore résolu le problème, ils ne sont pas sûrs de.

2 la tradition, la nécessité, la conduite, l'aveu (m), la conviction, la prohibition, l'indulgence (f)

3 – Nos vacances ont été d'autant plus réussies que nos amis avaient pu nous rejoindre.
– Le spectacle est d'autant plus intéressant que tous les acteurs sont excellents.
– Nos vacances sont d'autant moins réussies qu'il pleut sans arrêt.
– Le spectacle est d'autant moins passionnant qu'aucun des acteurs ne joue bien.

4 (a) **Erfüllbare Bedingung:** si + présent / prop. principale: futur ou impératif ou futur antérieur – si + p. comp. futur ou futur antérieur
ex: Si tu lui téléphones, il viendra ce soir.
S'il te le demande, fais-le!
Si tu lui as demandé d'apporter des disques, il le fera.
Si tu lui as dit d'arroser les fleurs la semaine dernière, il l'aura fait.

(b) **Nicht erfüllbare Bedingung:** si + imparfait / prop. principale conditionnel présent

● LES FRANÇAIS ET LA RELIGION

ex: Si j'étais riche, je passerais mes vacances à Tahiti.
Si tu étais le roi, tu n'habiterais pas dans une petite maison sans chauffage.
Si nous le pouvions, nous irions en vacances avec la voiture de nos parents (mais ils ne veulent pas nous la prêter).
(c) Nicht erfüllte Bedingung: si + plus-que-parfait / prop. p. conditionnel passé
ex: S'il avait travaillé plus sérieusement, il aurait eu son bac.
Si elle avait fait attention, l'accident ne serait pas arrivé.

Le conditionnel est souvent employé dans les blagues! (Witze)

Un lapin et un lion vont au restaurant. Le lapin dit au garçon:
«Pour moi, ce sera une carotte crue».
«Oui monsieur», dit le garçon, «et pour votre ami?»
«Mon ami ne prendra rien», répond le lapin.
«Mais comment, il n'a pas faim?», demande le garçon.
«Je vous en prie, n'insistez pas», fait le lapin énervé, «vous pensez bien que s'il avait faim, je ne serais pas sorti avec lui!»

Commentaire de Texte (→ S. 51)

1 tableau

questions	1986 population en général	1986 jeunes 18-24 ans	1992 population en général	1992 jeunes 18-24 ans	interprétation du graphique
religion / bonne conduite / aucun lien			89,00%	92,00%	Une grande part des adultes et la quasi-totalité des jeunes pensent que la religion n'a aucune influence sur la conduite morale
sans religion	15,50%	15,50%	23,00%	27,00%	Très nette augmentation du nombre des personnes sans religion: 7,5% des adultes, encore plus prononcée chez les jeunes: 11,5%

LES FRANÇAIS ET LA RELIGION

questions	1986 population en général	1986 jeunes 18-24 ans	1992 population en général	1992 jeunes 18-24 ans	interprétation du graphique
religion catholique	81,00%	30,00%	64,00%	13,00%	Baisse générale de l'influence du catholicisme en France (17% chez les adultes et les jeunes), le catholicisme reste une religion d'adultes (51% de plus que de jeunes).
la foi, un problème pour vous ?				71,00%	Une très large majorité de jeunes est intéressée par la foi, mais ne se sent pas concernée par les religions traditionnelles. Ceci constitue un terrain d'attraction immense pour les parasciences, les religions non chrétiennes, les sectes ...

Ce graphique met en évidence un <u>phénomène nouveau</u>: l'importance grandissante donnée aux jeunes en tant que <u>groupe socio-culturel</u>. En 1992 ils sont interrogés sur tous les points, contrairement aux adultes.

Le fait que 71% des jeunes soient interressés par la foi, mais pas par les religions traditionnelles, ouvre une porte sur des horizons nouveaux. Cela peut être une chance: élargissement de l'horizon religieux et culturel, recherche de valeurs universelles, pluri-culturalisme (intérêt pour le boudhisme, l'hindouisme, l'islam ...). Cela peut représenter aussi un danger: porte ouverte aux superstitions, aux sectes diverses.

2 **(A)** Les parasciences, les sciences occultes en général, la magie, la cartomancie, les histoires de voyants, de sorciers, d'extra-terrestres, ect: donc un exotisme fantastique teinté de superstition (ils croient au démon mais pas à Dieu).

(B) On assiste parallèlement à ce phénomène à un intérêt profond pour d'autres grandes religions. 1% des Français sont convertis à l'Islam, et de nombreux Français pratiquent des méthodes de méditation venues d'autres religions.

3 Le mal est ressenti comme un terme appartenant au domaine de la religion.

● LES FRANÇAIS ET LA RELIGION

D'après ce sondage, une bonne majorité des Français pensent que c'est la société qui est mauvaise, c'est elle qui est la cause du mal (et non le diable ou le péché originel). Elle est source d'injustices et rend l'homme mauvais.
Deux grands courants d'idées se dégagent de cette opinion:
– une position rousseauiste: l'homme est bon à l'origine (Rousseau, philosophe français du dix-huitième siècle, créa le mythe du bon sauvage).
– un point de vue politique: l'homme est avant tout un être social, le fidèle reflet de la société où il vit. Théorie du dix-neuvième siècle.

4   Le Français est plus choqué par les comportements pouvant nuire à l'État (ne pas payer ses impôts) et à l'ordre de la société (vol, excès de vitesse) que par les «fautes» morales (infidélité, avortement) qui sont ressenties comme des choix individuels. L'image du Français donnée par ce sondage est celle d'un individualiste côté morale et d'un bon citoyen vertueux côté société.

Et pour le conditionnel ... encore quelques blagues!
Un mauvais élève a signé son carnet (Zeugnis) lui-même, son père s'en aperçoit et lui fait la morale:
«À ton âge, j'aurais eu honte de mentir comme ça!»
«Et à quel âge as-tu cessé d'avoir honte?» répond le fils.

Dimanche soir, la femme à son mari: «Hier soir, tu m'as dit que tu repeindrais la chambre, nettoierais le garage, réparerais la voiture!»
«Et bien, je mentais!»

La grand-mère est venue garder son petit-fils de 4 ans, pendant que ses parents vont au bal. Elle le couche et lui demande:
«Mon chéri, quelle histoire veux-tu que je te raconte?»
Le gamin répond: «Aucune, écoute Mémé, j'ai eu une dure journée aujourd'hui, alors ne pourrais-tu pas aller te coucher et t'endormir rapidement?»

Questions de Réflexion (→ S. 52)

Donner son avis (→ chapitre 1, texte 3 – QR)

Nuancer un jugement (→ chapitre 3, texte 9)

L'évolution est semblable en Allemagne:
– désintérêt des jeunes pour les religions officielles
– militantisme et engagement grandissants de la part des adeptes

POLITIQUE

Texte 11 Au premier plan de l'actualité politique:
trois questions importantes

Question Générale (→ S. 58)

faux, faux, vrai, faux

Commentaire Lexical et Grammatical (→ S. 58)

1   Au cours de, pendant / jusqu' à, avant / soit, soit/ et même / dans des buts / finalement, en fait

2   – L'immigré clandestin est venu sans aucune autorisation; celui qui se trouve en situation irrégulière n'a pas de passeport en règle, ou bien son permis de travail n'a pas été renouvelé.
– Une personne xénophobe n'aime pas les étrangers, une personne raciste n'aime pas les gens d'une autre race.

3   Les avantages sociaux: Sécurité sociale, retraite et chômage payés obtenus après une longue lutte.

4   Ce problème divise la classe politique? Est-ce que ce problème divise la classe politique? – Ce problème divise-t-il la classe politique?
La dernière formule est la meilleure.
Ils proposent d'appliquer une politique libérale ? Est-ce qu'ils proposent … ? Proposent-ils d' … ? La dernière formule est la meilleure.

5   connurent … rencontra … augmentèrent … pensèrent qu'il fallait … proposèrent … furent opposés … voulurent défendre ce qu'ils considéraient …fut.

● POLITIQUE

Commentaire de Texte (→ S. 59)

1. Les Français restent très attachés à leur indépendance et sont fiers de leur pays. Ils craignent une certaine anonymité au sein de la Communauté européenne et redoutent une administration très lourde. Ce ne sont pas des Européens très convaincus.

2. Construire l'Europe demeure une nécessité qu'on ne peut remettre en question. Mais il reste encore à définir si ce sera une Europe forte et unie, une vraie fédération politique, économique, sociale, ou une simple union économique, chaque pays restant assez indépendant.

3. En période d'essor économique, le produit intérieur brut était assez important pour permettre à l'État de prendre en charge les dépenses sociales. Actuellement, la croissance du chômage, les frais de la Sécurité sociale de plus en plus lourds, l'allongement de la durée de la vie, le non-renouvellement du taux de la population (il ne naît pas assez d'enfants) sont une série de facteurs qui aggravent la situation. Il faudra que les Français acceptent une série de mesures que le Gouvernement sera obligé de prendre pour rééquilibrer les finances de l'État.

4. Afin de diminuer les dépenses de l'État, on envisage de limiter les frais de la Sécurité sociale qui ne prendrait en charge qu'une partie des remboursements. Les gens seraient alors obligés de prendre des assurances privées pour couvrir le reste de leurs dépenses médicales.

5. Les partis de droite comme de gauche sont d'accord pour limiter l'immigration de façon très stricte. Ils ne sont pas d'accord sur les mesures à prendre contre les immigrés qui sont en France illégalement. La droite veut qu'ils soient renvoyés immédiatement dans leur pays d'origine. La gauche fait appel à la «fraternité», à une certaine protection que la loi accorde à l'individu, et désire chercher des solutions plus humaines.

6. Les Français s'opposent parfois violemment au Gouvernement. Manifestations, grèves sont beaucoup plus fréquentes qu'en Allemagne. Or le Gouvernement sera obligé de prendre des mesures impopulaires, notamment dans le domaine des dépenses sociales. Mais la France a connu plusieures crises graves dont elle s'est bien sortie. L'auteur accorde donc sa confiance au système politique en place, la 5e République, qui lui paraît capable de bien diriger la nation, même en cas de situation difficile.

Question de Réflexion (→ S. 59)

1. Idéologiquement, le Français est favorable à l'égalité sociale: mêmes chances pour tous, solidarité, aide aux défavorisés etc. Mais lorsqu'il s'agit concrètement d'augmenter certains impôts, ou de ne plus accorder certains privilèges, l'homme de gauche, généreux en pensée, redevient très vite un homme de droite attaché à son bien-être personnel.

● MÉDIAS

Radio: partir des informations

Question Générale (→ S. 63)

La réponse **B** est exacte. Voir dernier §.

Commentaire Lexical et Grammatical (→ S. 64)

1 Quelquefois, parfois, de temps en temps, de temps à autre, occasionnellement, à l'occasion, irrégulièrement, régulièrement, souvent, la plupart du temps.

2 Wo wir auch sind und was wir auch tun.

   Peu importe où nous sommes et ce que nous faisons.

3 Involontairement

4 L'information que l'auditeur entend presque toujours involontairement / passivement.

5 faire, faire, laisser, faire, laisser

Commentaire de Texte (→ S. 64)

1 La radio, contrairement à la télévision et surtout à la presse écrite, vient à nous sans que nous soyons obligés de faire des efforts. Nous ne sommes pas obligés d'interrompre nos activités pour en profiter. Elle est donc très populaire. On nous l'impose parfois, en fond sonore, au supermarché par exemple. Les informations nous arrivent ainsi spontanément, sans volonté de notre part.

2 La situation est très différente dans les pays en voie de développement. La radio est, comme chez nous, très populaire, mais pour d'autres raisons: la télévision est souvent trop chère et nécessite l'électricité. La presse écrite est réservée à ceux qui savent lire. Un petit poste de radio à transistors ne coûte pas cher et peut se transporter facilement, sur le lieu de travail par exemple.

3 «Ecouter» implique qu'on se concentre sur l'écoute et qu'on retient l'information entendue. L'auditeur n'écoute pas souvent la radio de façon active et concentrée. La radio est plutôt utilisée comme fond sonore, comme présence humaine agréable.

4 Appareil peu cher, emploi facile, pratique à avoir avec soi.

Questions de Réflexion (→ S. 64)

1 On ne sait généralement pas bien tirer profit des médias. Il faut apprendre aux jeunes, dans le cadre scolaire, à s'en servir efficacement. Afin de retenir et d'assimiler une information, qu'elle soit sonore ou visuelle, il est indispensable de sélectionner à l'avance un programme d'information, de se concentrer et éventuellement d'en discuter en groupe.

2 *Radio:* média le moins cher et le plus pratique. Bonne musique et bonnes émissions. Informations et renseignements pratiques (circulation) toutes les heures.
Télévision: média le plus captivant (spannend) et le plus agréable grâce aux images. Bons films, bons reportages, jeux. Emissions sportives: matchs de football ou de tennis
Journaux: la meilleure et la plus sérieuse source d'information. Si on lit régulièrement les journaux, on est vraiment au courant de ce qui se passe dans son propre pays et dans le monde. On peut suivre la politique de près et mieux se faire une opinion.

• MÉDIAS

Arte, une chaîne bilingue
Arte et le biculturalisme

Texte 13

Question Générale (→ S. 67)

faux – vrai – faux – faux – vrai – vrai – faux

Commentaire Lexical et Grammatical (→ S. 67)

1 Un concept / à présent, maintenant / seulement, entièrement / différent, unique / un sujet, une matière / varié, différent / en grande partie, presque entièrement / une opinion / des nouvelles

2 Il a été nécessaire, il a été indispensable, on a dû, on a été dans l'obligation de

3 De / de / à / de / à / de / sur / de / de

Commentaire de Texte (→ S. 68)

1 Ce sont H. Kohl et F. Mitterrand qui ont décidé de créer une chaîne franco-allemande en 1988. La réalisation de ce projet a duré 4 ans. Les programmes proviennent de chaînes existantes dans les deux pays.

2 C'est à Strasbourg que se trouve le siège central d'Arte. C'est là que les émissions sont choisies et réparties pour constituer l'ensemble du programme. C'est également au siège que sont réalisés les journaux télévisés et les émissions d'information.

3 Arte présente trois innovations essentielles:
D'abord les soirées thématiques qui durent six heures de suite et sont constituées de documents divers tels que films, reportages, interviews etc. sur un thème. Ensuite, le journal «Huit et demi» est très sobre, ne dure qu'une dizaine de minutes et ne comporte pas de présentateur.
Enfin, l'émission «Transit» est un magazine d'information diffusé une fois par semaine. On y présente les opinions différentes des Allemands et des Français sur des sujets actuels.

4 La grand-messe du dimanche est la messe «officielle» de la semaine. C'est celle qui dure le plus longtemps, c'est également celle où se rendent le plus

grand nombre de gens. C'est donc un spectacle auquel l'auteur compare les actualités télévisées de 20 heures sur les autres chaînes. «Huit et demi» se veut le contraire (anti), c'est-à-dire un journal très court et très simple.

Questions de Réflexion (→ S. 68)

1. Pour les Allemands, le son est très important. Pour les Français, c'est l'image qui est importante. Ils aiment également la présence d'un présentateur.
De plus, les téléspectateurs des deux pays ne sont pas d'accord sur le mode de la présentation des sujets proposés: Les Allemands veulent d'abord les explications, puis les faits, alors que les Français préfèrent le contraire.

2. Les Allemands veulent avant tout être informés. Ce sont les faits qui les intéressent. Une présentation simple leur semble sérieuse et répond à leur attente. Les Français veulent également être informés, mais ils attachent plus d'importance au côté spectaculaire, émotif des évènements, aux images qui frappent. De plus, ils apprécient une présentation personnalisée. Les présentateurs sont «les vedettes du petit écran».

- LA FRANCE ET LE MONDE

La France et le monde

La France, l'éldorado de l'Afrique noire  Texte 14

Question Générale (→ S. 72)

A est la bonne réponse.

Commentaire Lexical et Grammatical (→ S. 72)

1 Le degré zéro de l'économie: l'état catastrophique de l'économie, la pauvreté totale du pays, le manque de ressources et de capitaux, le pouvoir d'achat très bas, les dettes.

2 faire marcher, fonctionner l'économie du pays.

3 Dank der Einwanderung halten zahlreiche Gegenden Senegals durch.

4 l'infrastructure (f).

5 l'assurance, la conviction, l'évidence
   victorieux, vainqueur, gagnant
   de temps en temps, quelquefois
   la gloire, la réussite, la victoire
   plus

6 triompher, triomphal, le triomphe
   la candidature
   le chômeur, la chômeuse, chômer
   demander, le demandeur
   le combat, le combattant, combatif
   observer, l'observatoire, l'observance
   la conscience, inconscient, consciencieux

7 «en» remplace la phrase précédente dans son entier: C'est l'immigré qui fait tourner …

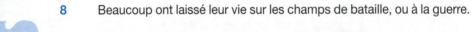

LA FRANCE ET LE MONDE

8 Beaucoup ont laissé leur vie sur les champs de bataille, ou à la guerre.

9 Le Malien doit quitter, il est obligé de quitter, il lui faut quitter, il faut qu'il quitte (subj.), il est nécessaire qu'il quitte (subj.).

10 **Exercice 1:**
patiemment, heureusement, courageusement, discrètement, facilement, passionnément.
Exercice 2:
bruyamment, prudemment, follement, intelligemment, jalousement, brillamment, impatiemment.

Commentaire de Texte (→ S. 73)

1 Attitude de refus, de défense, de repli. Le gouvernement veut maîtriser la situation.
Les raisons: la crise économique et le chômage en France.

2 Au lieu de faire diminuer l'immigration, les mesures gouvernementales ont fait augmenter les demandes de départ, en effet de nombreux Africains ont eu une réaction de panique et ont voulu essayer de venir en France avant la fermeture des frontières.

3 L' agriculture pour une très faible part.
– l'apport financier, le soutien financier, l'aide matérielle, fournis par les Maliens travaillant en France.

4 La France, c'est la mère patrie, la métropole, la source de bienfaits économiques, la Mecque économique.

Question de Réflexion (→ S. 73)

1 Selon les Maliens, la France a le devoir de soutenir le Mali sur le plan économique (par des prêts, des investissements, une aide en matière d'infrastructure), ainsi que sur les plans culturel, médical, humanitaire.
Pourquoi? Parce que la France a une dette envers ses anciennes colonies. En effet elles se sont battues à ses côtés (de gré ou de force) dans toutes les guerres qu'elle a menées, elles lui ont fourni de l'argent, des matières premières, des soldats.

LA FRANCE ET LE MONDE

La France a profité matériellement de ses colonies pendant des décennies, exploitant les terres, les ressources minières et humaines sans toujours avoir l'accord des populations concernées.

Lors de l'expansion économique dans les années 60, la France a fait venir des travailleurs de ses anciennes colonies, sans se soucier de leur avenir.

La France, de par (à cause de) son passé colonial, a donc des dettes morales et des responsabilités réelles vis-à-vis de ces pays.

Texte 15 Belleville, portrait d'un «village» parisien

Commentaire Lexical et Grammatical (→ S. 81)

1. *rénovation:* rénover, renouveler, nouveau, novice, rénovateur, novateur
   habitat: habitation, habitant, habiter, habitable
   invisible: visible, visibilité, vision, visionner, télévision, viser
   urbaniste: urbain, urbaniser, urbanisme, urbanisation
   mobiliser: mobile, immobile, automobile, mobilisation
   solidaire: solidarité, se solidariser

2. extraordinaire / faible / un désordre / une construction / ancien / inaccessible / superficiel

3. s'installe / s'installait / s'était installée / s'installerait / se serait installée / s'installa / s'installera

4. Il a regardé par la fenêtre / il s'est regardé dans la glace / elle a habillé son enfant / elle s'est habillée / ils ont rencontré leurs amis / ils se sont rencontrés / j'ai demandé mon chemin à un passant / je me suis demandé si j'étais sur le bon chemin.

Commentaire de Texte (→ S. 82)

1. Le melting-pot de Belleville a toujours été un quartier populaire où se réfugient les gens dans le besoin (qui ont peu d'argent): autrefois des ouviers français, puis des réfugiés d'Europe centrale, à l'heure actuelle, des immigrés du monde entier.

2. Belleville est un quartier populaire, convivial (on s'y entraide beaucoup). C'est un quartier vivant, très humain, où l'on vit beaucoup dans la rue, où toutes les races, toutes les nationalités se côtoient, ce qui stimule l'ouverture d'esprit et la tolérance. Il est donc plus facile pour le nouvel arrivé de commencer par s'intégrer dans ce quartier qui ressemble à un village, avant d'affronter (die

- PARIS

Stirn bieten) le reste de la ville, plutôt froide, anonyme, et peu tolérante envers les immigrés.

3   La première rénovation a été vécue comme un drame, comme une blessure qui n'est pas vraiment guérie. Le quartier a perdu une partie de son caractère et surtout une partie de sa population qui a dû déménager.

4   Les habitants du quartier, regroupés en association, ont obtenu que la ville rénove et reconstruise de manière moins austère que la première fois. On a construit de petits immeubles en harmonie avec le quartier, aux loyers modérés et comportant de petits commerces traditionnels.

5   Le village juif se sent doublement menacé. Les habitants ont peur que les urbanistes décident de rénover leur quartier comme ils le font dans les environs. Cela détruirait son caractère et obligerait un certain nombre d'entre eux à déménager. Ils se sentent également menacés par la communauté asiatique qui s'implante peu à peu dans le voisinage. Ceux-ci sont d'excellents commerçants et risquent de transformer une partie de Belleville en un second Chinatown.

Paris je t'aime mais ...

Question Générale (→ S. 83)

faux – vrai – faux – faux – vrai – vrai

Commentaire Lexical et Grammatical (→ S. 84)

1   Fou / folle / colérique, coléreux / indifférent / libre / anonyme / paisible, pacifique / tranquille

2   Lorsque, au moment où / également, de plus, en plus / toujours, sans arrêt, continuellement, éternellement / entièrement, complètement / cependant, pourtant, par contre / quelle est la raison, comment se fait-il que

3   Celui que / celui dont / celles que / celle qui / (de) celui qui / ceux de / ceux de

4   En bousculant tout le monde, en ralentissant tout le monde

5   Sans bousculer ni ralentir personne

Commentaire de Texte (→ S. 84)

1 Paris garde la trace architecturale de toutes les époques qui l'ont traversé. La diversité de styles est visible à chaque coin de rue. L'architecture contemporaine forme un contraste frappant avec Paris «classique» par les formes et les matériaux employés (verre et béton). Un exemple caractéristique: Le Grand Louvre. Ce palais n'a pas cessé d'être modifié et agrandi depuis huit siècles. La fameuse pyramide de verre, à laquelle les Parisiens commencent à s'habituer, reflète les bâtiments majestueux de la cour Napoléon.

2 L'auteur compare la foule à l'eau vive (qui coule) des ruisseaux. Les passants marchent en effet tous au même rythme, d'un même mouvement, dans une même direction, canalisés (dirigés) par les limites du trottoir ou les couloirs du métro, qui sont comme les bords d'une rivière.

3 Jours de fête. Ambiance spéciale. Moments privilégiés.
On sort du quotidien, de la routine, des petits soucis. Nouvelle atmosphère plus gaie, plus détendue, plus chaleureuse, plus communicative, plus spontanée. On parle, on rit, on danse, on est drôle, on «s'éclate» (langage de jeunes: sich austoben), on se défoule (on libère ses désirs). On est prêt à faire «n'importe quoi».

4 Depuis les années 60, on a beaucoup rénové et reconstruit à Paris. Les loyers des nouveaux immeubles sont devenus beaucoup trop chers pour les habitants qui ont peu de revenus (artisans, ouvriers, employés etc…) Ceux-ci ont été contraints (obligés) de quitter Paris, pour aller habiter en banlieue.
Dans les quartiers rénovés et chers, seules les personnes qui gagnent beaucoup d'argent (cadres, dirigeants, hauts-fonctionnaires) peuvent encore se permettre d'habiter le centre de Paris. Les différentes couches sociales qui se côtoyaient (vivre ensemble) dans le passé à Paris, ont été séparées.

Questions de Réflexion (→ S. 84)

1 Chaque phrase commence par :
J'aime…J'aime…J'aime. Série d'aspects positifs / images diverses qui nous attirent. Comme le refrain d'une chanson / comme un reportage où la caméra se déplace. Paris ville unique, ville merveilleuse. Puis brusquement: Pourquoi faut-il que / pourquoi? Le ton change, les images changent. Presque ton de protestation / de révolte: quel dommage … / ne peut-on pas changer tout cela? Aspects négatifs gâchent (verderben) / détruisent le charme de Paris évoqué dans la première partie. Paris gâché, Paris détruit, Paris problème.

● PARIS

2 J'aime tes maisons anciennes aux balcons fleuris, j'aime ta petite église et les chats qui sommeillent sous ton porche. J'aime les petits vieux qui se parlent sur le pas de la porte, les enfants qui jouent dans la rue, ta petite épicerie de village, l'atmosphère tranquille, les beaux paysages qui t'entourent. Mais pourquoi faut-il que tu demeures si isolé, si loin de la prochaine ville? Pourquoi les autobus sont-ils si rares? Pourquoi n'offres-tu aucune distraction aux jeunes qui t'habitent?

ENVIRONNEMENT – TOURISME – FRANCE PROFONDE

**ENVIRONNEMENT
TOURISME
FRANCE PROFONDE**

Texte 17

Les centres nucléaires à la casse

Question Générale (→ S. 89)

La bonne réponse est la réponse **C**.

Commentaire Lexical et Grammatical (→ S. 89)

1. Faudra-t-il que l'on renouvelle le parc des centrales nucléaires / soit renouvelé …

2. Le renouvellement du parc n'est pas absolument nécessaire/ indispensable. En braquant trop / si on braque trop

3. Le nucléaire pourrait être remplacé / aurait pu être remplacé

4. hautement: très, fortement – le savoir-faire: l'expérience, la connaissance, pratique, technique – propre: non polluant – estimer: croire, penser, juger – le débat: la discussion

5. On a décidé **de** réduire à 35 élèves **par** classe le nombre **des** élèves dans les écoles primaires. Il s'est décidé **à** quitter le pays. Allez, **au** lit! C'est l'heure **d'**aller se coucher. Ils ont fini **de** prendre … Au bout d'une heure, nous avons fini **par** décider …

Commentaire de Texte (→ S. 90)

1. Envisager /avoir l'intention de. La plupart des / une très grande partie des / la majeure partie des centrales nucléaires a été construite dans les années 70 / il y a une trentaine d'années. Elles deviennent inutilisables / s'usent au bout de trente ans. Elles vont être détruites / mises hors service. On est obligé de les remplacer soit par des centrales neuves, soit par l'exploitation d'autres énergies.

• ENVIRONNEMENT – TOURISME – FRANCE PROFONDE

2 Il faut d'abord considérer le prix de ces nouvelles centrales: 20 milliards chacune. Ensuite, la construction de nouvelles usines est mal accueillie par la population qui est souvent opposée à l'énergie nucléaire. Enfin, le stockage des déchets nucléaires reste peu sûr et donc dangereux.
On peut se demander si les générations futures auront la sagesse et la discipline de contrôler régulièrement ces déchets.

3 Développement des énergies renouvelables ou peu polluantes:
– éolienne (Windenergie)
– solaire
– géothermique
– amélioration de l'énergie hydraulique
– récupération de la vapeur industrielle
– construction de centrales à turbines à gaz ou à charbon (peu polluantes)

Questions de Réflexion (→ S. 90)

1
– transports en commun
– déplacements à pied / à bicyclette / à mobylette
– regroupement des personnes dans les voitures particulières
– moins se chauffer
– usage plus limité d'appareils électriques
– plus de récupération et de réutilisation de matériaux

2 **Contre:** Non, je ne suis pas prêt(e) à réduire ma consommation d'énergie, car cela ne changerait rien au problème. Ce serait «une goutte d'eau dans la mer». Ce sont surtout les usines qui consomment des quantités énormes d'énergie et qui en gaspillent souvent. Ce sont elles, en premier lieu, qui doivent chercher comment en économiser.

Pour: Je suis prêt(e) à faire un effort pour réduire ma consommation d'énergie: réduire le chauffage et l'éclairage de ma chambre, me déplacer plus souvent à bicyclette ou utiliser plus souvent les transports en commun. Je pense qu'il faut donner l'exemple, et que si l'ensemble de la population réduit sa consommation d'énergie, c'est la gravité du problème que l'on réduit.

ENVIRONNEMENT – TOURISME – FRANCE PROFONDE

   **L'emballage plastique devient chic**

Question Générale (→ S. 92)

La réponse **A** est la bonne réponse.

Commentaire Lexical et Grammatical (→ S. 92)

1 *multiplier* – une multiplication   *affirmer* – une affirmation
   produire – une production   *recycler* – un recyclage
   trier – un tri   *rejeter* – un rejet

2 *parvenir à* – arriver à   *multiplier* – faire un grand nombre de
   se transformer – devenir – changer   *résoudre* – trouver une solution

3 – ayant été lavée et fondue – la technique est encore très insuffisante – ils renoncent à / abandonnent l'idée – ils pourraient disparaître / il se pourrait qu'ils disparaissent

4 D'autres consommateurs **en** utilisent – on sait **en** produire – il faut donc **les** trier – les industriels s'**en** méfient

Commentaire de Texte (→ S. 92)

1 Il est à l'heure actuelle techniquement possible de recycler les plastiques en fibres réutilisables dans l'industrie textile. On envisag d'autres réutilisations industrielles du plastique recyclé, telles que petits récipients, revêtements de sol, tuyaux, coques de bateau. Ces nouvelles perspectives n'en sont malheureusement qu'au stade de la recherche et il sera certainement difficile d'atteindre l'objectif fixé par la loi: le recyclage des trois-quarts des emballages d'ici 7 ans.

2 Papier, acier, aluminium: composants simples donc faciles à recycler. Plastiques: mélange d'éléments plus complexes de différente nature / hétérogènes. Il est impossible de / il s'avère impossible de /on ne peut pas les mélanger / les refondre entre eux. On ne peut produire un materiau de qualité (souple et solide) qu'en recyclant des plastiques de même origine. Il faut donc / il est nécessaire de / il est indispensable de / on est donc obligé de les trier / les récupérer séparément.

● ENVIRONNEMENT – TOURISME – FRANCE PROFONDE

3 A l'heure actuelle, en France, la grande majorité des consommateurs continue à se débarrasser de leurs bouteilles plastiques dans une poubelle normale avec le reste de leurs déchets. Environ un Français sur 15 (contre plus de la moitié en Allemagne) utilise une seconde poubelle pour se débarrasser de ses emballages. Une minorité enfin jette ses bouteilles en verre et en plastique dans de grands conteneurs. Il est à noter cependant que les conteneurs pour les bouteilles plastiques sont encore peu répandus (moins d'un quart de la population en est desservi).

4 La mise au point d'une matière plastique auto-dégradable aurait résolu bien des problèmes.
Idée / perspective / projet … non réalisable
Il a fallu renoncer au projet / la technique n'est pas suffisamment au point pour …
Il risquerait de se dégrader trop tôt.
Les consommateurs auraient tendance à s'en débarrasser n'importe où.

Question de Réflexion (→ S. 93)

Les Français sont grands consommateurs de bouteilles plastiques. Le système de bouteilles consignées existe, mais il ne fonctionne que pour des bouteilles vendues à l'unité et il n'est pas très populaire. La consommation généralisée de bouteilles consignées en caisses, comme en Allemagne, n'a pas son équivalent en France.

Le littoral dénaturé – La côte d'alerte

Question Générale (→ S. 97)

La réponse **B** est juste.

Commentaire Lexical et Grammatical (→ S. 97)

1 généralement / apparemment / gentiment / confusément / profondément / fréquemment / précisément

2 le vacancier / le touriste / le campagnard / le villageois

ENVIRONNEMENT – TOURISME – FRANCE PROFONDE

3   Qui achète …?
    Cet établissement public achète quoi? / Qu'est-ce que cet établissement public achète?
    A quoi a-t-il du mal?
    De quoi avons-nous besoin?

4   Vous n'avez jamais rien fait pour la commune. – Vous n'avez construit ni hôtels ni maisons de vacances/gîtes ruraux. – Personne ne protège l'environnement. – Dans cette région, on ne voit jamais personne. – Je crains qu'il ne vienne. – Je crains qu'il ne vienne pas.

Commentaire de Texte (→ S. 97)

1   En été, il y a cinq fois plus de vacanciers que d'habitants locaux.

2   Les maires veulent faire profiter leur commune de l'apport financier des touristes. Malheureusement ils ne sont pas toujours prêts à respecter les sites et autorisent souvent la construction excessive d'hôtels, d'immeubles, centres de loisirs qui détruisent le paysage.

3   Les nouveaux ports sont des ports de plaisance, uniquement réservés aux vacanciers. Ce sont des constructions en béton qui ne respectent pas le caractère local.
    Les jolis petits ports côtiers, par contre, sont d'authentiques ports de pêcheurs, construits bien avant l'invasion des touristes.

4   Le Conservatoire du littoral tente de protéger les côtes en achetant, dans la mesure de ses moyens financiers, les terrains qui sont à vendre. Après avoir effectué les aménagements nécessaires, il les offre aux communes qui sont chargées de leur entretien.
    Il n'a malheureusement pas assez d'argent pour réaliser tous ses projets et éprouve des difficultés (Schwierigkeiten haben) à persuader les communes de prendre en charge ces terrains protégés.

Questions de Réflexion (→ S. 98)

1   Les barbares sont des étrangers qui ne sont pas civilisés. Ils arrivent en hordes (grands groupes) et détruisent tout sur leur passage.
    On reproche aux vacanciers d'abord leur nombre et le fait qu'ils arrivent brusquement, tous en même temps. Il font penser à des nuages de sauterelles (Heuschrecken).

● ENVIRONNEMENT – TOURISME – FRANCE PROFONDE

On les critique également de leur comportement «sauvage»: Ils se croient tout permis, oublient la politesse et le respect de la nature. Ils se laissent aller parce qu'ils sont en vacances, que les autres touristes en font autant, et qu'ils sont des clients.

2   J'aime la mer et le soleil, et cela ne me dérange pas que d'autres touristes désirent en profiter comme moi. J'apprécie au contraire l'atmosphère de fête qui règne sur les plages, l'été. Il y a beaucoup d'animation et il est facile de se faire des contacts.

Je suis plutôt un «touriste vert», car j'ai horreur des foules, des queues, des encombrements (Staus). Je préfère le calme de la nature, l'authenticité des paysages. J'aime découvrir de nouvelles régions à pied / à bicyclette / en auto-stop, parler avec les habitants. Ce sont des vacances peu onéreuses (peu chères), mais très enrichissantes.

Ces fermes qui vous hébergent

Question Générale (→ S. 101)

C'est la réponse **A** qui est la bonne.

Commentaire Lexical et Grammatical (→ S. 101)

1   produire, producteur / trice, production
formuler, formulaire, forme, former
régional, régionaliste, régionalisme
plaire, déplaire, plaisant, déplaisant, plaisamment

2   Au début des années 2 000
Des fermes un peu différentes/ sortant de l'ordinaire

3   qui / lequel / qui / qui / que / dont

Commentaire de Texte (→ S. 101)

1   Les campagnes se sont fortement dépeuplées dans les années 50-70. Le départ des agriculteurs vers les villes a entraîné la disparition progressive des petits commerces de village et de certains services publiques comme les

ENVIRONNEMENT – TOURISME – FRANCE PROFONDE

postes par exemple. Les villages ont donc peu à peu perdu leur animation, leur caractère local. 75% des Français habitent une ville, à l'heure actuelle, où il leur faut subir bruit, stress, manque d'espace, pollution.
Il est donc naturel que ces habitants des villes recherchent, pendant leurs loisirs, le calme et le charme de la campagne et des petits villages.

2   Malgré une meilleure productivité agricole, les exploitants restent à la merci (dépendants) des conditions climatiques et de la rude concurrence du Marché Commun.
Il ne leur est plus toujours possible de vivre uniquement des revenus de la ferme, ce qui les oblige à chercher d'autres activités rentables. L'ouverture d'une ferme-auberge les aide financièrement et leur permet d'écouler leurs produits-maison.

3   Le terme de «ferme-auberge» indique sa double origine.
L'organisation générale de la ferme ne change pas et l'agriculteur continue à gérer son exploitation comme il le faisait auparavant, car il a, avant tout, besoin des revenus de sa ferme.
C'est plutôt son épouse (ou un autre membre de la famille) qui, en plus de ses tâches à la ferme, devient aubergiste à temps partiel. En ouvrant la ferme au public, elle rejoint le monde de l'industrie touristique et des restaurateurs, aubergistes et hôteliers.

4   Restaurateurs classiques / normaux essaient de / tentent de profiter du succès / de la réputation / du nouveau goût pour imiter / contrefaire…
Très grand nombre de repas servis
Repas servis «à la chaîne» (comme dans une usine)
Restauration à très grande échelle.

Questions de Réflexion   (→ S. 102)

1   **Tourisme vert:** écologique. Respect et amour de la nature. Presque une idéologie. Goût du terroir / de l'authentique / du caractère local / des traditions. La France profonde.

Tourisme classique: plus de confort / luxe / mer / soleil / farniente (Nichtstun) / meilleure organisation / atmosphère de vacances / plus d'animation / atmosphère de fête.
Mais: surpeuplement / concentration / masse de gens / pollution / bruit / béton / standardisation (perte du caractère local).

● ENVIRONNEMENT – TOURISME – FRANCE PROFONDE

2 **Changement profond:**
Je pense qu'il s'agit plutôt d'un changement profond. La masse grandissante des touristes ayant entraîné la destruction d'innombrables sites naturels, les estivants ont pris conscience du problème et se déclarent prêts, dans leur majorité, à mieux respecter la nature. De plus, ils désirent une meilleure qualité de vie, et préfèrent, à l'heure actuelle, des vacances plus individuelles et plus actives.

Mode:
La majorité des gens travaille beaucoup toute l'année, doit subir beaucoup de stress. Ils ont besoin de repos, de détente et de confort pendant leurs vacances. La foule ne les gêne pas vraiment. Ils se sentent bien sur la plage, au soleil. Je ne crois pas qu'ils changeront et désireront passer leurs vacances autrement. Le tourisme vert reste donc réservé aux jeunes et à certains intellectuels en quête de découvertes et d'aventures.

SOCIÉTÉ

Texte 21 Ces mères qui travaillent

Question Générale (→ S. 108)

La réponse **C** est la bonne réponse, **A** est trop général, **B** ne représente qu'un aspect secondaire.

Commentaire Lexical et Grammatical (→ S. 108)

1   **a)** Qui a eu l'école … ?   Qui est-ce qui a eu … ?
    b) Qu'a-t-il eu … ?   Qu'est- ce qu'il a eu … ?
    c) Quand a-t-il eu l'école? Quand est-ce qu'il a eu l'école?

2   toute la nuit, toutes les nuits, toute la vie, tout le mois, ou tous les mois.

3   elles continuaient de … elles avaient continué de … elles continueront de … elles auront continué de.

4   L. 3: ses amis, ses camarades; L. 6: les achats; L. 10: évident, naturel; L. 13: admettre, être d'accord, tolérer; L. 13: elles continuent d'exercer une profession; L. 20/21: une meilleure solution; L. 21/22: au sujet du, à propos du; L. 30: remarquer, noter, constater; L. 32: organiser, aménager; L. 40: le travail, l'énergie (f)

5   le nouvel homme, le nouvel appartement, les nouveaux appartements, le nouveau chemin.

6   Il leur faut foncer, travailler, et surtout ne pas avoir mauvaise conscience.

Commentaire de Texte (→ S. 109)

1   Daniel a l'emploi du temps typique d'un jeune écolier français. Il a classe toute la journée, à midi il mange à la cantine, l'après-midi, quand les cours sont ter-

● SOCIÉTÉ

minés, il va en étude où il fait ses devoirs sous la surveillance d'un pion. Monique a également la journée typique d'une «Française moyenne», elle travaille dans un bureau toute la journée, elle en sort le soir à 18h, fait les courses en se dépêchant, puis elle arrive vers 19h à la maison et prépare le dîner tout en s'occupant des enfants. Elle n'a donc pas beaucoup de temps libre en semaine; c'est le classique «métro-boulot-dodo», avec «fourneau» en plus pour la femme.

2   Elles cumulent la vie professionelle et la vie de femme au foyer responsable de la marche de la maison et de l'éducation des enfants. En France, 2 mères de famille sur 3 travaillent et trouvent cela «tellement normal» comme dit Monique.

3   Ce passage fait allusion aux «super-femmes», appelées plus souvent «super-women». Ces femmes sont très actives, hyper-compétentes, elles occupent des postes de direction, font carrière, tout en étant belles et élégantes comme les stars de magazines, et bien-sûr mères attentives et parfaites de plusieurs enfants, excellentes cuisinières etc… En un mot des femmes parfaites! Mais existent-elles vraiment en grand nombre comme les médias veulent le faire croire, ou sont-elles de glorieuses exceptions?

4   **En Allemagne**, le salaire maternel proposé par le gouvernement est très bas et très limité dans le temps; il est donc difficile d'en vivre pour une mère et ses enfants. D'autre part, lorsqu'une femme arrête de travailler pour des raisons familiales, il lui est souvent difficile de retrouver un emploi. Que fait-elle alors n'ayant plus droit au salaire maternel? Le manque d'infrastructures (→ réponse 1 QR) est un handicap majeur au travail féminin.

En France, maternité et profession sont conciliables (vereinbar) grâce à une infrastructure appropriée et aussi parce que la vie active des femmes est acceptée comme un fait nécessaire et évident par la majorité de la population. Les femmes pouvant subvenir aux besoins matériels d'une famille hésitent moins à en fonder une.

Question de Réflexion (→ S. 109)

1   En 1994, 60% des Françaises exercent une activité professionelle, beaucoup d'entre elles ont plusieurs enfants. La société française accepte le travail salarié des mères comme une chose normale et ne les culpabilise pas. Ceci était également le cas en ancienne RDA (DDR), mais est très différent en RFA (BRD) où la majorité des mères de jeunes enfants restent au foyer.

En France toute une infrastructure permet à la femme de concilier maternité et profession: Les mères ont droit à 4 mois de congé payé de maternité, ensuite elles peuvent mettre leurs bébés à la crèche, puis à partir de 3 ans à l'école maternelle qui dure toute la journée et où les enfants peuvent déjeuner à midi. Les enfants peuvent aller à une garderie jusqu'au soir. Ensuite l'école à plein temps prend le relais, avec la possibilité de rester le soir en étude pour y faire les devoirs sous surveillance.

En Allemagne Fédérale (contrairement à l'ancienne RDA), il y a très peu de crèches et pas assez de places dans les jardins d'enfants. D'autre part l'école ne fonctionne qu'à mi-temps. Le gouvernement allemand ne facilite pas le travail des mères, il facilite au contraire le retour de la femme-mère au foyer en lui proposant un salaire d'éducation. Une grande partie de l'opinion publique allemande n'est pas favorable au travail des mères, le trouvant incompatible avec l'éducation des enfants (Rabenmutter).

décrire un personnage, voir chapitre 2, texte 5

BD: Un couple

Commentaire de Texte (→ S. 111)

1. Type de famille «classique», ancienne, démodée:
   - La femme fait les travaux ménagers, s'achète des habits.
   - L'homme s'occupe de la mécanique, des réparations, donne de l'argent de poche à sa femme.

2.
   - Le garçon a une réaction franche et naïve: Il veut dire la vérité.
   - La fille l'interrompt (ne le laisse pas parler). Elle raconte un mensonge à sa mère, elle lui dit ce que celle-ci désire entendre: à savoir qu'ils jouent au couple moderne, émancipé.

SOCIÉTÉ

Mais comment font-elles? Texte 23

Question Générale (→ S. 112)

(A) Il s'agit d'un interview dans un journal féminin. **(B)** «Comment réussir sur tous les plans» «Les clés du succès» «Quatre recettes infaillibles pour arriver» etc…

Commentaire Lexical et Grammatical (→ S. 113)

1 **(A)** elle n'en gagne pas assez (die Mengenangabe wird wiederholt) / vous en revenez / il en achète un / je n'en trouve pas / vous y pensez / il en a besoin / elle ne s'en occupe pas / est-ce que vous y êtes déjà allé? y comprenez-vous quelque chose?

(B) il pense à elle / il y pense / en avez-vous besoin? avez-vous besoin d'elle? il en a peur / il a peur de lui / il s'en occupe / elle s'occupe d'elles très gentiment

2 Elle a dit que c'était vrai, qu'elle ne s'était pas imaginée que cela pouvait être aussi dur de travailler et de s'occuper d'un enfant … . Mais que cela lui avait permis d'explorer … et que cela marchait.

3 C'est lui qui, c'est elle qui, ce sont eux qui, ce sont elles qui.

4 **a)** Le plus petit changement imprévu provoque un malheur.
  b) Ne pas s'énerver, garder son sang froid.
  c) Je peux compter sur mes amies, je peux leur demander de m'aider.

Commentaire de Texte (→ S. 113)

1 Le fait d'être mère et d'exercer une profession lui permet de garder son équilibre.

2 – l'âge (environ 40 ans)
  – la situation sociale (famille + profession)
  – la situation professionnelle (très bon emploi, super-femmes)
  – très organisées (vie minutée, emploi du temps très chargé, course contre la montre)
  – très dynamiques
  – hyper-actives
  – indépendantes
  – Elles sont fières de leur réussite.

SOCIÉTÉ

3   Le mot clé de leur vie est *Organisation*,
    La réalisation de cette organisation:
    – ne rien laisser au hasard (emploi du temps minuté)
    – le partage des tâches: elles délèguent le travail aux enfants (Marie-France), au père, à une jeune fille au pair (Véronique).
    – la solidarité entre amis (Claire)
    – le système D (toutes les 4)
    – imposer des règles de bases très strictes à soi-même, à son entourage familial et professionnel.

Question de Réflexion (→ S. 113)

Comment parler des problèmes et des difficultés
– le problème de (la garde des enfants) se pose
– elle éprouve de grandes difficultés à (concilier travail et famille)
– il lui est difficile de (s'occuper des enfants et de travailler)
– elle n'arrive pas à gérer (loisirs et travail)
– pour nuancer: elle arrive à peine à, tout juste à …
– un handicap important réside dans…
– le problème n°1, l'ennemi n°1(c'est la maladie subite …).

Texte 24 — Toujours plus de restos du cœur

Question Générale (→ S. 117)

A) La reprise des distributions de repas aux restos du cœur, ainsi que l'extension de leurs activités.
B) Le développement général des activités des associations caritatives qui tentent d'aider, là où l'État échoue.

Commentaire Lexical et Grammatical (→ S. 117)

1   sans rémunération – la fondation – certainement, sûrement, vraisemblablement – on espère fortement votre aide – il demanda le soutien de, l'aide de – faire connaître le projet, rendre l'idée populaire – ne touchent pas le, ne profitent pas du – dans la vie courante, en situation réelle – étendues, déployées – elle montre clairement, elle témoigne incontestablement.

2   le bénévolat – la gratuité – le lancement – la sensibilisation – l'appui (m) – le déblocage.

● SOCIÉTÉ

3 Hier soir, en plein cœur de Paris, sur *une péniche aménagée* en café-théâtre, des *vedettes de la chanson* bien connues du public ont donné un concert de *solidarité* pour venir en aide aux *victimes* de *l'exclusion sociale*. Par cette action les artistes ont voulu *sensibiliser le pays* au *sort* des démunis. Les recettes du concert seront remise à une *association caritative* s'occupant plus particulièrement des *SDF*.

4 Des repas gratuits vont être offerts par 18 000 bénévoles.
Depuis que Coluche les a créés.

b) elle les a toutes regardées. **c)** nous les avons visités. **d)** il les a reconnus.
e) il l'a retrouvée.

Commentaire de Texte (→ S. 118)

1 Où: à Paris
- Quand: en 1985
- Création de restaurants gratuits pour donner un repas chaud par jour aux plus pauvres pendant l'hiver.

2 Il se sert:
- des médias
- de sa popularité en tant qu'artiste
- de ses relations dans le monde du spectacle et de la presse.

Le message est adressé à tout le monde, il concerne chaque Français/e.

3 **a)** Oui, il a été entendu, une vague de générosité et de solidarité voit le jour en France, des restos du cœur s'ouvrent dès le 21 décembre 1985 à Paris. Malgré la mort tragique de Coluche un an plus tard, son œuvre est poursuivie et multipliée par des centaines de bénévoles. On passe de 8,5 millions de repas servis le premier hiver à 43 millions servis en 1994.

b) Le gouvernement a créé le RMI et il a «débloqué» 52 millions de francs de plus en 1994, il propose 200 millions pour 1995. Ces sommes sont uniquement réservées aux secours d'urgence et s'ajoutent aux indemnités existantes.

4 Notre succès, c'est le vôtre: phrase frappante car interchangeable: Votre succès, c'est le nôtre. Elle force à l'identification, à l'engagement.

5 **1)** Un hébergement provisoire (on peut se laver, passer la nuit et déjeuner sur la péniche).

SOCIÉTÉ

    2) dans le domaine de la santé: soins médicaux gratuits

    3) dans le domaine de la resocialisation: les ateliers du cœur aident à se réhabituer au travail.

    4) dans le domaine administratif: on aide les SDF à remplir les «papiers», les formulaires qui donnent droit aux indemnités.

6   Méfiance envers les idéologies politiques.
- Manque de confiance dans les partis politiques (le nombre d'adhérents des partis diminue, la participation aux votes aussi).
- Désillusion: les gens ne croient plus à l'efficacité des gouvernements, qu'ils soient de gauche ou de droite, pour résoudre les problèmes sociaux-économiques engendrés par la «crise».
- L'évolution est semblable en Allemagne.
- Pour ces raisons on assiste à la naissance de nouveaux groupements politiquement et religieusement indépendants et à la création d'initiatives privées à action directe. Par exemple les jeunes d'une classe d'école rassemblent des vêtements pour la Bosnie, et quelques parents ou professeurs louent un camion et vont les porter eux-mêmes à un orphelinat précis. (orphelinat – Waisenheim)

Questions de Réflexion (→ S. 118)

accord / désaccord, voir chapitre 1, texte 3

Le bénévolat social
- *arguments pour:* développement de l'altruisme, pratique de la charité chrétienne, savoir donner sans compter, générosité, notion de service humanitaire et civil, mise en pratique des principes d'égalité et de fraternité.
- *arguments contre:* exploitation (Ausbeutung) de l'individu par la société, l'État ne joue pas son rôle protecteur et en déléguant ses fonctions il perd le contrôle, caractère arbitraire, subjectif du bénévolat, précarité de l'action bénévole (le bénévolat n'est lié à aucune obligation, pas de garanties d'aide continue)

Zwei weitere Gründe,
dem Französisch Abitur
gelassen entgegenzugehen:

Üben fürs Abi – Französische Literatur

- Epik – Drama – Lyrik werden grundlegend eingeführt.
- Klassiker und zeitgenössische Autoren als Beispiele
- Grundwortschatz für den Umgang mit literarischen Texten
- Schrittweise Hinführung zur Interpretation des Textes
- Zahlreiche Hinweise und Hilfestellungen
- Zusammenfassungen auf deutsch
- Ausführlicher Lösungsteil

ISBN 3-7863-0729-6

Üben fürs Abi – Französische Grammatik

In zehn Kapiteln die Grammatik auffrischen

- Über einen Eingangstest kann der eigene Leistungsstand ermittelt werden.
- Eingängige Darstellung der grammatischen Formen
- Übungen sind in einen unterhaltsamen Kontext eingebunden.
- Ausführlicher Lösungsteil
- Alles in Kursen erprobt

ISBN 3-7863-0730-X

M A N Z